全本全注全译丛书

中华经典名著

王永豪◎译注

蒙 求

中华书局

目录

前言

　　《周易·序卦传》曰："蒙者，蒙也，物之稚也。"所以，人们将幼童称为"童蒙"，教育儿童即为"训蒙"，儿童教育的学问就是"蒙学"。

　　中华民族历来重视教育，尤重儿童教育。在童蒙教育上，中国人有自己丰富的经验和科学的方法，其重要的指导思想是雅制原则。刘勰《文心雕龙·体性篇》云："夫才有天资，学慎始习。斫梓染丝，功在初化。器成彩定，难可翻移。故童子雕琢，必先雅制。"意思就是，无论人们各自的禀赋如何不同，但开始对其进行教育时都要持谨慎的态度。就像打家具、染丝帛，开始时的做法决定着事情成功与否。等家具做成、色彩染定，想再改动，那可就难了。童蒙教育是一样的道理，在开始的时候一定要给予孩子雅正的内容。刘勰将儿童教育比喻为"斫梓染丝"，确实非常恰切。蒙学核心就是在开始的时候用雅正的知识教育孩子，从而让其大志早立，格调高雅。

　　因此，一套优秀的训蒙教材至关重要。数千年来，社会精英们一直致力于蒙学教材编写，代不乏人，名著迭出。如《汉书·艺文志》载："《史籀篇》者，周时史官教学童书也。"再有，李斯的《仓颉篇》、黄门令史游的《急就篇》、司马相如的《凡将篇》，以及大家熟知的《三字经》《千字文》《千家诗》《声律启蒙》《幼学琼林》《龙文鞭影》等等，以上这些都是饱学之士的辛苦之作。

蒙学教材的编写，看似简单，其实不然。中华文明五千年，历史悠久，对于初学者来说，将卷帙浩繁如烟海的古籍一一读过，简直是件不可能的事情。所以，童蒙教育，尤其是偏重于历史知识教育时，亟需删繁就简，举重若轻，又言简意赅、言近旨远的教材，以使学习效果事半功倍。在此背景下，就有了我们今天的这本《蒙求》。

《蒙求》作者李瀚。关于李瀚的生平，史书记载不详。近现代学者们钩沉发覆，接力推演，勾勒出其生平的大概轮廓。李瀚，唐朝赵郡安平（今河北衡水安平）人，与李德林、李百药父子同宗。曾寓居宋州、饶州、洛阳、阳翟等地，先后出任县尉、侍御史、信州司仓参军、左补阙等职。其编撰的《蒙求》一书，书名取意于《周易·蒙卦》："匪我求童蒙，童蒙求我。""蒙以养正，圣功也。"

《蒙求》全文2384字，共收录约600个历史掌故。全书按韵编排，从切韵东字起，逐联押韵，每韵四字。上下两句对偶，基本上每句各讲一个典故。也有少量句子讲同一个故事，如"鸣鹤日下，士龙云间"和"王俭坠车，褚渊落水"等条。前后两个典故以类取事，事件性质或人物类型相近或相反，前后形成互文，便于理解，并打破人物所处或事件所发生的时间限制。如"王戎简要，裴楷清通"，是对王戎和裴楷个性的介绍；"谢安高洁，王导公忠"，是对谢安和王导品德的赞赏；"萧何定律，叔孙制礼"，是对萧何和叔孙通制定律法和礼制的记载；"时苗留犊，羊续悬鱼"，是对时苗和羊续清廉的褒扬；"鲍靓记井，羊祜识环"，记载的是鲍靓和羊祜前生往世的玄幻故事等等。

《蒙求》内容涵盖不同时期的人物、历史、神话、寓言等等，涉及政治、军事、文化、外事、艺术、方术、习俗等等各个方面。故事来源不仅有群经正史、诸子百家，还涉及诸多稗官野史、方志异闻等。《蒙求》内容虽取材广泛，但更多的是取自信史，以历史人物和相关故事为主，涵盖著名的思想家、政治家、军事家、文学家、艺术家等。如"枚皋诣阙，充国自赞""仲宣独步，子建八斗""马良白眉，阮籍青眼""谢安高洁，王导公忠""管宁割席,和峤专车""颜回箪瓢,仲蔚蓬蒿"等等,介绍了这些人物的突出事迹和主要性格特点。

除了信史中的人物形象,《蒙求》还收录不少神话传说和寓言故事中的人物及事迹。如"杨生黄雀,毛宝白龟""武陵桃源,刘阮天台""雍伯种玉,黄寻飞钱""栾巴噀酒,偃师舞木""女娲补天,长房缩地"等故事。

概言之,该书是历史典故汇编,是传统故事大全,内容来源于文史哲古籍并萃取其中重要典故汇编而成。《蒙求》可谓一部简写版的唐前史,千年历史同台演出,数百人物顺次出场,美丑忠奸,任人评判。需要注意的是,书中难免会有一些封建、迷信之类的内容,不符合现代价值观。

《蒙求》成书后,迅速流行于世,在唐朝当时即为人所重视。著名文学家李华为之作序,饶州刺史李良欲将其推荐给玄宗皇帝。

李华被同时代人赞为"一代文宗,名望夙著",他为《蒙求》作序说:"安平李瀚著《蒙求》一篇,引古人言行美恶,参之声律,以授幼童,随而释之,比其终始,则经史百家之要,十得其四五矣。推而引之,源而流之,易于讽诵,形于章句,不出卷而知天下,其《蒙求》哉!"

唐天宝五载(746),饶州刺史李良上表朝廷,推荐李瀚及《蒙求》一书,评价李瀚为"学艺淹通,理识精究";评价《蒙求》曰:"撰古人状迹,编成音韵,属对类事,无非典实。"并且强调《蒙求》对童蒙的教育效果非常显著,"瀚家儿童三数岁者,皆善讽读。谈古策事,无减鸿儒"。甚至到了"不素谙知,谓疑神遇"的夸张地步。李良甚至认为《蒙示》要超越梁散骑侍郎周兴嗣的《千字文》。除了童子,《蒙求》对成人亦多有裨益,"错综经史,随便训释,童子则固多弘益,老成颇觉起予"。

晚唐著名诗人杜荀卿有《赠李镡》一诗,记载朋友李镡避黄巢战乱,移居山中。这位友人家境困难,到了"着卧衣裳难辨洗,旋求粮食莫供炊"的程度,但是仍然课子诵读《蒙求》不辍,"地炉不暖柴枝湿,犹把《蒙求》授小儿"。

及至有宋一代,南宋藏书家、目录学家陈振孙评价《蒙求》说:"取其韵语易于训诵","遂至举世诵之,以为小学发蒙之首"。当时,有大量依照《蒙求》体例的作品出现,如《本朝蒙求》《两汉蒙求》《名物蒙求》《孝弟蒙求》《训女蒙求》《赵氏家塾蒙求》《宗室蒙求》等等。可见《蒙求》影响之深之广。

宋朝以降,《蒙求》影响力不减,元好问谓《蒙求》一书,自唐"迄今数百年之间,孩幼入学,人挟此册,少长则遂讲授之"。

明万历年间,萧良有编撰《龙文鞭影》一书,无论体例抑或内容都深受《蒙求》影响。

逮至清朝,嘉庆时编《学津讨原》丛书的张海鹏,在辑印《蒙求》时,说:"骈罗经史,属对工整,于初学大有裨益,因刻诸家塾,为课孙之助。"乾隆时修《四库全书》,则于子部类收入徐子光注本《蒙求集注》上、中、下三卷。

在历史上,《蒙求》多有补注,版本甚众,但以南宋徐子光补注本流传最广。在徐子光之前,《蒙求》版本虽多,但无善本,且在传袭过程中,文本出现"鲜究本根,类多舛讹"之病,徐子光于是"渔猎史传,旁求百家,穷本探源,撷华食实",参考宋朝通行本,对《蒙求》重新加以补充、修订和注解,是谓《蒙求补注》,四库本称为《蒙求集注》。在《蒙求集注》中,徐子光保留了部分前人的注解,即"旧注"。我们在注释中有少许采用,仍称为"旧注"。

徐子光补注本问世后,唐古注《蒙求》逐渐被取代而最终散佚。正如学者王重民在其《敦煌古籍叙录》中所言:"自中唐至于北宋,是书为童蒙课本,最为通行。及徐子光补注出,而李氏原注微。"

现代人去古已远,读古籍自然会有一定的困难:一是古籍卷帙浩繁,二是语言古奥。这本《蒙求》则很好地解决了这两个方面的问题。首先,《蒙求》是本历史知识浓缩读本,如前文所述,《蒙求》故事来源不仅有群经正史、诸子百家,还涉及诸多稗官野史、方志异闻等,囊括了大量传统掌故,读者不必再皓首穷经地搜求。其次,我们以乾隆《四库全书》

本《蒙求集注》为主要依据，并参考相关文献，补充相关资料，再用浅近的白话文将之呈现，以方便读者理解故事本身以及相关背景。

在整理过程中，我们主要做了以下工作：一、对文中较难理解的字词加以注释，扫除阅读障碍；二、补充和典故中人物有关的材料，使其形象更丰满鲜明；三、对背景交代不清的地方加以补充，让读者既明白事件本身，又能读懂故事背景；四、列出相关典故出处，便于读者进一步探索；五、译文采用了意译的方式，将故事的来龙去脉讲明白，清楚易懂。

我们虽用心解读，但是限于才疏学浅，力有不逮，失当之处，万望方家不吝指正！

王永豪

2023年8月

上卷

【题解】

作为一本优秀的儿童启蒙读物,从内容上看,《蒙求》取材广泛,"经史百家之要,十得其四五"。就本卷而言,故事有孝悌忠信类,如"孔明卧龙,吕望非熊""不疑诬金,卞和泣玉"等;有礼义廉耻类,如"震畏四知,秉去三惑""时苗留犊,羊续悬鱼"等;有良师益友类,如"陈雷胶漆,范张鸡黍""嵇吕命驾,程孔倾盖"等;有勤学覃思类,如"匡衡凿壁,孙敬闭户""墨子悲丝,杨朱泣岐"等。

从形式上看,《蒙求》用四言韵语写成,"从切韵东字起,每韵四字",将性质相近的故事按韵排列。对故事性质虽有选择,但不算严格意义上的分类,和后来的《幼学琼林》等类书不同。《幼学琼林》内容按性质分类,如分天文、地舆、岁时、朝廷、文臣、武职等类别,而《蒙求》各条目则是以韵为主,按韵排列,这和后世《声律启蒙》《龙文鞭影》等书按韵排列的方式相似,相信后二者皆受其影响。

《蒙求》内容丰富多彩,形式生动活泼,易于诵读,便于记忆。怪不得"瀚家儿童三数岁者,皆善讽读",以至于"谈古策事,无减鸿儒","不出卷而知天下"呢!

王戎简要^①，裴楷清通^②。

【注释】

① 王戎（róng）简要：王戎，字濬（jùn）冲，琅邪临沂（今山东临沂）人。出身魏晋高门琅邪王氏，"竹林七贤"之一。王戎谈话做事简明扼要，认知事物能切中要害。据《晋书·王戎列传》，王戎幼时与同伴玩耍，见道旁李树果实满枝，众孩儿争相去摘，只有王戎无动于衷。别人问其缘故，王戎说："树在道边而多子，必苦李也。"验之果然。简要，简略扼要。

② 裴楷（kǎi）清通：裴楷，字叔则，河东闻喜（今山西闻喜）人。据《晋书·裴楷列传》，朝廷吏部郎职位空缺，晋文帝向锺会征求合适人选，锺会说："裴楷清通，王戎简要，皆其选也。"晋文帝最终任用裴楷。裴楷学识渊博，能将学问和生活融会贯通。晋武帝初登帝位，抽签求问在位年限，结果抽得的数字为"一"。晋武帝大为不悦，群臣失色。裴楷启奏说："臣闻天得一以清，地得一以宁，王侯得一以为天下贞。"于是晋武帝转而心花怒放。清通，清明通达。

【译文】

王戎谈话做事简明扼要，直切要点；裴楷则精通义理，做事通达。

孔明卧龙^①，吕望非熊^②。

【注释】

① 孔明卧龙：孔明，指诸葛亮，字孔明，琅邪阳都（今山东临沂）人。蜀汉丞相。据《三国志·蜀书·诸葛亮传》，诸葛亮早孤，叔父诸葛玄被袁术任命为豫章太守，就带着诸葛亮到任上。诸葛玄去官后，又带着诸葛亮投奔荆州刘表。诸葛玄死后，诸葛亮隐居隆中，躬耕垄亩。当时刘备屯兵新野，徐庶向刘备推荐诸葛亮，评价他

为"卧龙",建议刘备亲自去拜访。刘备三顾茅庐,终于打动诸葛亮,愿为汉室驰驱。刘备感叹说:"孤之有孔明,犹鱼之有水也。"在诸葛亮辅佐下,蜀与魏、吴鼎立对峙,三分天下有其一。

②吕望非熊:吕望,即吕尚,亦称姜尚、姜子牙。先祖曾经担任四岳之职,辅佐大禹治理水土而有功。据《史记·齐太公世家》,吕尚年八十而钓于渭水之上。一次,文王行将出猎,先卜一卦,卦上说:"所获非龙非螭,非虎非罴,所获霸王之辅。"罴,熊的一种。出猎果然遇到姜尚,交谈后文王高兴地说:"吾太公望子久矣!"因此敬称姜尚为"太公望",又称"吕望"。太公望率兵伐纣,辅佐周文王和周武王建立周朝,封地于齐。

【译文】

诸葛亮躬耕于南阳,是条蓄势腾飞的卧龙,辅佐蜀汉三分天下有其一;吕望钓于渭水,被文王"猎获",佐助周朝奠定八百年基业。

杨震关西①,丁宽《易》东②。

【注释】

①杨震关西:杨震,字伯起,弘农华阴(今陕西华阴)人。据《后汉书·杨震列传》,杨震少年时期就勤奋好学,师从太常桓郁研习《欧阳尚书》,通晓经籍,博览群书,其学无所不窥,有"关西孔子"之称。关西,"关"指函谷关,关西即函谷关以西的地方。

②丁宽《易》东:丁宽,字子襄,梁国(治今河南商丘)人。易经大师。据《汉书·儒林传·丁宽》,起初梁国项生跟随经学大师田何学《易经》,丁宽为项生的随从。丁宽对《易经》的解读精准而敏捷,才能超过项生,田何便收丁宽为弟子。学成之后,丁宽回故乡时,田何对门人说:"《易》已东矣。"田何住在杜陵(今陕西西安),丁宽学成归乡,为东归,故田何有"我的《易》被传到东方

了"的说法。

【译文】

杨震学识渊博,被称为"关西孔子";丁宽学成《易经》后归乡,老师田何慨叹自己的易学被传播到了东方。

谢安高洁①,王导公忠②。

【注释】

①谢安高洁:谢安,字安石,陈郡阳夏(今河南太康)人。据《晋书·谢安列传》,谢安志向高洁,淡泊名利,寄情山水,以清谈知名,隐居东山,与王羲之、许询、支遁等人寄情山水,咏诗作文。曾和孙绰乘船浮于海,风大浪急,众人皆失色,唯有谢安吟啸自若。多次拒绝朝廷征召,四十方仕,在淝水之战中,谢安指挥东晋八万兵马击溃前秦百万军队,为东晋赢得数十年的和平。

②王导公忠:王导,字茂弘,琅邪临沂(今山东临沂)人。历仕晋元帝、晋明帝和晋成帝三朝,是东晋政权的重要奠基者。据《晋书·王导列传》,大兴元年(318),晋元帝司马睿登基帝位,建立东晋。司马睿再三请王导同坐御床受百官祝贺,王导坚辞不受,说:"如果太阳和地下万物居于同位,那么天下苍生还怎么能够沐浴太阳的光辉呢?"司马睿这才作罢。

【译文】

谢安隐居东山,志向高洁;王导忠诚辅政,一心为公。

匡衡凿壁①,孙敬闭户②。

【注释】

①匡衡凿(záo)壁:匡衡,字稚圭,东海承县(今山东枣庄)人。西

汉经学家,擅长《诗经》的解读。祖上世代为农,家境贫寒。据《汉书·匡衡传》,匡衡勤于学习,经常夜里读书,苦于家贫无烛。看到邻居家夜里灯火通明,匡衡"穿壁引其光,以书映光而读之"。县里有大户人家,大字不识但藏书很多,匡衡主动要求去他家做佣人却不要报酬。主人问其原因,匡衡说:"愿得主人书遍读之。"主人甚为感叹,就把家里的书借给他读。通过刻苦学习,终成大儒。

②孙敬闭户:孙敬,字文宝,信都(今河北邢台)人。据《楚国先贤传》,孙敬喜爱学习,拒绝朝廷任命,常年闭门在家读书。每至深夜,困极之时,就用绳子把自己的发髻系到梁上。一旦睡着,头发受到拉扯就会醒来,继续读书。偶尔到集市,人们都说:"闭户先生来也!"

【译文】

匡衡夜里读书,凿壁借光;孙敬闭门学习,悬梁苦读。

郅都苍鹰①,宁成乳虎②。

【注释】

①郅(zhì)都苍鹰:郅都,河东杨县(今山西洪洞)人。汉景帝时为中郎将,敢于直言进谏,面责大臣的过失。主张以严刑峻法治理社会。据《汉书·酷吏传·郅都》,郅都担任中尉之职,掌管京城治安。执法不畏避权贵列侯,就连皇亲国戚对他也避之而唯恐不及,见到他都不敢直视,称他为"苍鹰"。后来,郅都被任命为雁门太守。匈奴人素闻他的刚直和气节,知道郅都来守卫边境,马上撤兵。直到郅都死去,不敢靠近雁门。苍鹰,鸟名,即鹰。后也用于比喻酷吏。

②宁成乳虎:宁成,南阳穰县(今河南邓州)人。据《汉书·酷吏

传·宁成》,宁成性格刚强,盛气凌人,不屈人下。做别人的小官,一定会欺凌上级,而身居高位的时候,一定要下属服服帖帖。汉武帝欲任命宁成为太守,御史大夫公孙弘进谏说:"臣居山东为小吏时,宁成为济南都尉,其治如狼牧羊。成不可使治民。"汉武帝就改任宁成为关都尉。一年之后,往来官吏都说:"宁见乳虎,无值宁成之怒。"宁成暴虐到如此地步。乳虎,哺乳期的母虎,此时的老虎异常凶猛。

【译文】

郅都用严刑峻法治理社会,严酷如苍鹰;宁成盛气凌人,暴虐如乳虎。

周嵩狼抗①,梁冀跋扈②。

【注释】

① 周嵩(sōng)狼抗:周嵩,字仲智,汝南安成(今河南汝南)人。周嵩狷直果侠,每以才气凌物,仕途坎坷,后为人所害。据《晋书·列女列传·周颙母李氏》,西晋南渡后,周嵩弟兄三人皆为东晋朝廷贵官。一年冬至,家人聚会,母亲为三个儿子倒酒说:"想当初随着朝廷渡江来到江南,我们甚至没有一个落脚的地方,现在你们三个并列尊位,看着眼前的你们如此成功,我还有什么忧愁啊!"周嵩站起来说:"母亲大人,恐怕您说错了。大哥志大才疏,虽然名重一时但见识短浅,喜欢乘人之危,这不是能保全自己的办法。我周嵩性情直率鲁莽,也很难为世人包容。只有三弟一副平庸无能、碌碌无为的样子,大概只有他能守护在母亲膝下啊!"后来,果如周嵩所言。狼抗,指为人傲慢、莽撞。

② 梁冀(jì)跋扈(bá hù):梁冀,字伯卓,安定乌氏(今甘肃固原)人。出身世家大族,先祖协助汉光武帝刘秀建立东汉有功。梁冀长相凶恶,残暴奢侈,官拜大将军,掌管朝政达二十余年。梁冀的

两个妹妹分别是汉顺帝和汉桓帝的皇后。据《后汉书·梁冀列传》，汉冲帝驾崩后，梁冀拥立年幼的汉质帝刘缵。汉质帝虽然年幼，但是非常聪慧，知道梁冀骄横，曾在朝会群臣时，盯着梁冀说："此跋扈将军也！"梁冀因此心怀怨恨，就用毒酒将汉质帝毒死。质帝死后，梁冀一意孤行，不顾众人反对，坚持立刘志为帝，是为汉桓帝。梁冀向汉桓帝进谗言，害死与他意见不一致的太尉李固和杜乔，朝野一片恐惧。那些每年从四方上供到朝廷的珍玩，最好的要先送到梁冀家，次一等的才送给皇帝。

【译文】

周嵩行为莽撞，说话直率；梁冀做事跋扈，独断专行。

郗超髯参①，王珣短簿②。

【注释】

① 郗（xī）超髯（rán）参（cān）：郗超，字景兴，又字嘉宾，高平金乡（今山东金乡）人。太尉郗鉴之孙，会稽内史郗愔之子。据《晋书·郗超列传》，郗超少有才气，被大司马桓温赏识，擢为参军。桓温英气超迈，极少推崇别人，但是他每次和郗超谈话后，都感慨郗超的见识和学养深不可测，对他就更加器重。郗超也真心和桓温结交，所以二人感情甚笃。当时，桓温的主簿是王珣，也是桓温所器重之人。因为郗超生有美髯，而王珣身材矮小，府中人都说："髯参军，短主簿；能令公喜，能令公怒。"

② 王珣（xún）短簿（bù）：王珣，字元琳，小字法护，琅邪临沂（今山东临沂）人。丞相王导之孙。据《晋书·王珣列传》，王珣个子矮小，二十岁的时候，与谢玄一起做桓温的属吏，后转任主簿。桓温曾评价他们两个说："二人年轻有为，是难得的人才，四十岁就会身居高位。不用等到白头，便可位列三公。"晋孝武帝时，王珣被

征召为尚书右仆射，主管吏部。因为王珣精通典籍，擅写文章，所以深得晋孝武帝的宠幸。一天，王珣梦见有人送给他一支毛笔，大得像一根椽子。醒来后，王珣和别人说："肯定要有大手笔的事情发生。"没过多久，晋孝武帝驾崩，哀册、谥议类文章全由王珣起草。

【译文】

桓温的参军郗超生有美髯，而主薄王珣个子矮小，他们都是桓温器重的人才。

伏波标柱①，博望寻河②。

【注释】

①伏波标柱：伏波，指伏波将军马援，字文渊，扶风茂陵（今陕西兴平）人。东汉开国元勋。据《后汉书·马援列传》，马援早有大志，曾跟宾客说："丈夫为志，穷当益坚，老当益壮。"交趾女子徵侧、徵贰举兵反叛，众蛮夷部落纷纷响应。皇上封马援为伏波将军，命其平乱。马援所到之处，无不披靡，斩首数千，降者万余，斩徵侧、徵贰首级。马援征服交趾后，在那里立下铜柱作为汉朝的南部边界。后来，马援因病死于军中，实践了他曾立下的誓言："男儿要当死于边野，以马革裹尸还葬耳！"

②博望寻河：博望，指张骞，字子文，汉中成固（今陕西城固）人。杰出的外交家、探险家，丝绸之路的开拓者，封博望侯。据《汉书·张骞传》，汉武帝建元初，张骞为郎官，受命出使西域，从而熟知西域地理环境、风土人情，并探寻到黄河的源头。传说张骞在极西之地乘船寻找黄河的源头时，见一女子在河边浣纱，不远处还有一男子在牵牛饮河，张骞问这是哪里，女子回答说："这里是天河。"还送给张骞一块石头。多年后，张骞回到长安，请教严君平，才知该石为织女的支机石。

【译文】

马援平定"二徵叛乱",在交趾立铜柱作为汉朝南方边界的标志；张骞出使西域时,探寻到黄河的源头。

李陵初诗^①,田横感歌^②。

【注释】

①李陵初诗:李陵,字少卿,陇西成纪(今甘肃秦安)人。飞将军李广之孙。据《汉书·李陵传》,天汉二年(前99),李陵率五千步兵与八万匈奴兵战于浚稽山,终因寡不敌众,弹尽粮绝而兵败投降。李陵与苏武早年俱为侍中,李陵投降是在苏武出使匈奴的第二年。和李陵不同,苏武被囚匈奴,誓死不降,十九年后,终得还汉。苏武告别李陵时,李陵以五言诗赠别:"携手上河梁,游子暮何之?徘徊岐路侧,恨恨不得辞。晨风鸣北林,熠耀东南飞。浮云日千里,安知我心悲。"苏武回赠李陵曰:"双凫俱北飞,一凫独南翔。子当留斯馆,我当归故乡。一别如秦胡,会见何讵央?怆恨切中怀,不觉泪沾裳。愿子长努力,言笑莫相忘。"据说,这是最早的五言诗。

②田横感歌:田横,秦末狄县(今山东高青)人。齐国贵族田氏家族的后人。秦末陈胜吴广起义后,田横与堂兄弟田儋、田荣也揭竿反秦,三兄弟先后据齐为王。据《汉书·田儋传》,刘邦称帝后,田横与部下徙居于海岛。刘邦召见田横,田横在离洛阳三十里远的地方伏剑而死。田横自杀后,随从者不敢放声痛哭,却不胜哀伤,于是唱悲歌以寄托情思,悲歌的名字叫《薤露蒿里歌》。后来,精通音律的李延年将其分为两个曲子,其中《薤露》为哀悼王公贵人而唱,《蒿里》为哀悼士大夫、普通老百姓而唱。

【译文】

五言诗相传为李陵首创,是他和苏武告别时的离歌；为悼念田横,门客创作了《薤露蒿里歌》。

武仲不休①,士衡患多②。

【注释】

①武仲不休:武仲,指傅毅,字武仲,扶风茂陵(今陕西兴平)人。东汉辞赋家。汉章帝时为兰台令史,拜郎中,与班固、贾逵共同典校禁中书籍。据《后汉书·文苑列传·傅毅》,汉明帝刘庄驾崩,傅毅认为明帝功德在历任皇上中最高,依照《诗经·周颂·清庙》写了十篇《显宗颂》歌颂他。傅毅的文采由此为朝廷上下所重视。魏文帝曹丕在《典论·论文》中说:"文人相轻,自古而然。傅毅与班固的写作水平不相上下,但是班固却看不起他,认为傅毅文章冗长,下笔没完没了。"休,停止。

②士衡(héng)患多:士衡,指陆机,字士衡,吴郡吴县(今江苏苏州)人。为孙吴丞相陆逊之孙,大司马陆抗第四子,与其弟陆云合称"二陆"。据《晋书·陆机列传》,陆机身长七尺,其声如雷。少有异才,文章冠世。太康末年,陆机与弟陆云一起去洛阳,拜访太常张华。张华素来敬重陆机、陆云的名声,三人相见,相谈甚欢,犹如老友重逢。张华曾跟陆机说:"别人写文章,只恨自己能力不足,而你却担心才华过多。"弟弟陆云曾写信给陆机说:"像崔君苗那样有文采的人,见了哥哥您的文章,都恨不得将自己的笔墨纸砚付之一炬。"

【译文】

班固评价傅毅写文章过于冗长,没有休止;张华赞叹陆机的文才优秀,远超常人。

桓谭非谶①,王商止讹②。

【注释】

①桓（huán）谭非谶（chèn）：桓谭，字君山，沛国相县（今安徽淮北）人。桓谭爱好音律，善鼓琴，博学多才，遍习五经，反对谶纬之学以及"天人感应"理论。据《后汉书·桓谭列传》，汉光武帝刘秀建立东汉后，桓谭官拜议郎、给事中。光武帝笃信谶术，想用谶术来决定修建灵台的位置，问桓谭的意见，桓谭回答："我不读谶书。"光武帝问原因，桓谭极力向其陈说谶书并不是经典，请光武帝不要再信奉和依赖谶术。谶，指谶术，是古代巫师、方士等预卜未来的一种法术。

②王商止讹（é）：王商，字子威，涿郡蠡吾（今河北博野）人。是汉宣帝舅王武的儿子，少年时就以恭敬敦厚而为人称道。据《汉书·王商传》，汉成帝建元三年（前138）秋，京都传言洪水将至，长安城一片大乱。汉成帝召群臣商议对策，大将军王凤建议太后与皇上以及后宫嫔妃乘船避难，令长安吏民登上城墙躲避洪水。大家都赞同王凤的主张，王商却不以为然，说："自古无道之国，水犹不冒城郭。今政治和平，世无兵革，上下相安，何因有大水一日暴至？此必讹言也。"事实证明果然是谣言。汉成帝非常欣赏王商坚守城池的建议，多次称赞他。

【译文】

桓谭非议谶书，认为其不是经典；王商揭穿谣言，坚信不会有洪水淹城。

嵇吕命驾①，程孔倾盖②。

【注释】

①嵇（jī）吕命驾：嵇，指嵇康，字叔夜，谯郡铚县（今安徽宿州）人。早孤，有奇才，超凡脱俗，仪表非凡，但放浪形骸，不修边幅。博览群书，无所不通，尤喜好老庄，为"竹林七贤"精神领袖。吕，指吕安，字仲悌，东平（今山东东平）人。性刚烈，有济世之志。据《世

说新语·简傲》，吕安钦慕嵇康情趣不凡，每当思念嵇康，纵然相隔千里也会驾车前来相聚，嵇康也都会热情接待。

②程孔倾盖：孔，指孔子，名丘，字仲尼，春秋时期鲁国人。孔子开创私人讲学之风，有弟子三千，其中贤者七十二，被后世尊为至圣先师、万世师表。据《孔子家语·杂训》，孔子去郯国，路遇程子。程子是当时的贤人，二人停下车在一起亲密地聊了很久。谈话结束后，孔子跟子路说："取一束帛送给程先生。"子路不情愿把礼物送给萍水相逢的人，孔子就教育子路说："程子是当世贤者，现在如果不送礼物给他，恐怕今后永远也没有机会再相遇了。"倾盖，途中偶然相遇的两人，相谈甚欢，因极力靠近对方，双方车盖往一起倾斜。

【译文】

吕安和嵇康意气相投，每当思念嵇康，就立刻驾车前往相聚；孔子邂逅程子，停下车和他倾心交谈良久。

剧孟一敌①，周处三害②。

【注释】

①剧孟一敌：剧孟，洛阳（今河南洛阳）人。西汉著名游侠，为人任侠，喜打抱不平，济弱扶倾，誉满诸侯。据《汉书·游侠传·剧孟》，汉景帝时，发生吴楚七国之乱，条侯周亚夫由京城去河南，得到剧孟。周亚夫特别高兴，说："吴楚造反却不把剧孟招至麾下，我可以断定他们成不了什么气候！"一敌，意为"得一敌国"。天下动乱之际，周亚夫得到剧孟，不次于得到一个势均力敌的国家的援助。

②周处三害：周处，字子隐，阳羡（今江苏宜兴）人。周处未成年时，就膂力惊人，嗜好畋猎，纵情肆欲，为害乡里。据《晋书·周处列传》，周处知道自己多行不义而被人厌恶，有反悔之意。一次，周

处问乡里父老:"今年风调雨顺,五谷丰登,你们为什么还闷闷不乐呢?"父老叹息着说:"三害未除,何乐之有?"周处问:"三害指的是什么?"回答说:"南山猛虎吃人,长桥下的蛟龙伤人,再加上你害人,这不就是三害吗?"周处说:"我能把这三害都除掉。"周处于是进山射杀猛虎,入水擒拿蛟龙,自己由此改过自新,立志好学,坚守道义,克己复礼。一年后,很多州府都来征召他做官。

【译文】

周亚夫得到剧孟异常高兴,认为剧孟抵得上一个国家的军力;周处少年时为害乡里,他和猛虎、蛟龙被称为"三害"。

胡广补阙①,袁安倚赖②。

【注释】

①胡广补阙(quē):胡广,字伯始,南郡华容(今湖北监利)人。幼年丧父,家境贫苦。后被推举为孝廉,到京师后,汉安帝认为胡广奏章写作能力是天下第一,不到一个月的时间就将他任命为尚书郎。胡广历事六朝,为官三十余年,共担任一次司空,两次司徒,三次太尉,又任太傅,提拔选用的都是天下名士,为东汉中兴以来人臣之最。据《后汉书·胡广列传》,胡广年逾八十时,心思仍然严谨缜密,性格温和朴素,说话谦虚恭敬,做事通达干练,深谙朝廷典章制度,能经常对朝廷的决议裨补阙漏。因为胡广学问渊博又处事变通,善于明哲保身,所以京师有谚语说:"万事不理问伯始,天下中庸有胡公。"阙,漏洞。

②袁安倚赖:袁安,字邵公,汝南汝阳(今河南商水)人。东汉名臣,袁术、袁绍为其玄孙。袁安的父亲去世,袁安为父亲寻找墓地时,路遇三个书生,指着一个位置告诉袁安:"葬在这里,你家当世代为公卿。"书生们说完须臾不见。袁安非常惊异,就将父亲葬在

这里,家族累世隆盛。据《后汉书·袁安列传》,年幼的汉和帝即位后,袁安因为天子幼弱,外戚擅权,每次朝会进见或者与公卿谈论国家大事,都会痛哭流涕,自天子到大臣都非常信任和依赖他。袁安去世后,朝廷上下都非常痛惜。

【译文】

胡广知识渊博,常常为朝廷的决策裨补阙漏;袁安心系朝廷,为大家所信任和依赖。

黄霸政殊①,梁习治最②。

【注释】

①黄霸政殊:黄霸,字次公,淮阳阳夏(今河南太康)人。据《汉书·循吏传·黄霸》,黄霸任颍川太守,治理以教化为主,惩罚为辅,外宽内明,深得人心,本郡人口年年增加。社会政治清平,天降祥瑞,凤凰神鸟多次飞集各郡国,而颍川郡最多。天子认为这是黄霸治理优异的证明,下诏给予表扬,赐爵关内侯,黄金百斤,俸禄中二千石。后来黄霸官至丞相。

②梁习治最:梁习,字子虞,陈郡柘县(今河南商丘)人。据《三国志·魏书·梁习传》,梁习以别部司马身份兼任并州刺史。当时正值高幹反叛,兵荒马乱。胡狄频繁扰边,骄横跋扈,吏民纷纷叛逃,加入胡狄部落。手握兵权的人结党营私,拥兵自重,为害百姓。他们还相互煽动,形成割据对峙局势。梁习到任后,将当地豪强召集在一起,以礼相待,对其进行诱导规劝,并推荐他们到幕府任职,边境很快祥和安静,百姓勤于耕织,安心桑麻,不再违法乱纪,令行禁止。梁习的政绩被公认为是天下最好的。

【译文】

黄霸治理州郡以教化为主,政绩非常突出;梁习的治理能力,是所有刺史中最为优秀的。

墨子悲丝^①,杨朱泣岐^②。

【注释】

①墨子悲丝:墨子,名翟,春秋末期宋国人。墨家学派创始人。墨家
学说的核心思想包括"兼爱""非攻""尚贤""节用"等观点,在
先秦时期影响很大。据《墨子·所染》,墨子经过染坊,看见工人
在染丝。墨子悲伤地感叹:"染于苍则苍,染于黄则黄,所入者变,
其色亦变。五入必,而已则为五色矣。故染不可不慎也。"墨子
进一步阐发,认为治国的道理也和染丝一样,商汤以伊尹为相,国
家强盛;纣王与奸佞为伍,则国家混乱,因此不可以不谨慎。

②杨朱泣岐(qí):杨朱,战国时期魏国人。创立杨朱学派,主张"贵
己""重生"。据《列子·说符》,杨朱邻居家的羊丢失,他们全家
人赶紧出动去找这只羊,还请杨朱的仆人帮忙。杨朱说:"仅仅
丢了一只羊,怎么大动干戈地发动这么多人去寻找呢?"邻居说:
"路口太多啊!"过了很久,追羊的人都回来了,杨朱问:"找到羊
了吗?"回答说:"没有! 岔路口实在太多了,过了一个岔路口再
往前又有新的岔路口,接连不断。每一个岔路口都有可能是羊走
失的地方。"杨朱听了,觉得非常有哲理,竟然泣不成声,感慨世
事复杂多变,没有坚定的信念和正确的方法,容易在生活中迷失
方向。岐,同"歧"。岔道。

【译文】

墨子看到丝可以被染为不同颜色,不胜悲伤;杨朱听闻歧路众多,难
忍悲泣。

朱博乌集^①,萧芝雉随^②。

【注释】

①朱博乌集:朱博,字子元,杜陵(今陕西西安)人。朱博出身贫困,年轻时在县里担任亭长职务,任侠仗义。据《汉书·朱博传》,汉成帝接受何武的建议进行官制改革。从那时起,出现一系列怪事,如御史府中有大量柏树,本来一直有数千只野乌鸦栖息其上,晨去暮来,被称为"朝夕乌"。现在乌鸦一去数月不回,老人们都觉得这件事太怪异。两年后,朱博任大司空,向皇帝建议取消大司空职位,重新设置御史大夫,恢复旧制,乌鸦复来。

②萧芝雉(zhì)随:萧芝,晋朝孝子。据《孝子传》,萧芝至孝,官至尚书郎。曾有数十只雉鸟聚在他家院子里,饮水啄食都不离开。当他去上朝的时候,群鸟一直把他送到路口;等下朝的时候,就在门口接着他,围着车子翻飞鸣叫。古代认为雉鸟是瑞鸟,瑞鸟聚于庭是吉祥的寓意,是萧芝孝心所感。雉,俗称野鸡。

【译文】

朱博建议恢复旧制,御史府中的乌鸦去而复返;萧芝至孝,感召大量雉鸟追随。

杜后生齿①,灵王出髭②。

【注释】

①杜后生齿:杜后,即成恭杜皇后,晋成帝的皇后,名叫杜陵阳,亦称杜陵,京兆杜陵(今陕西西安)人。据《晋书·后妃列传·成恭杜皇后》,杜陵阳少有姿色,而且敦于礼仪,可是一直到成年竟然没有长出牙齿,求婚者见到杜陵阳后都叹息放弃。后来,晋成帝司马衍遣人提亲,杜陵阳的牙齿竟然一夜长齐。杜皇后去世前,三吴之地的女子流行聚会时头插白花,远远望去像白色的沙果花。传说是天上的织女死了,这是为织女穿丧服。不久杜皇后去

世，人们认为杜皇后是织女下凡。

②灵王出髭（zī）：灵王，即周灵王姬泄心，周景王姬贵之父。据《左传·昭公二十六年》，王子朝跟诸侯说："周定王六年时，秦国有谶语流行，说周朝会有一个长有胡须的天子，他能够恪尽职守，使诸侯顺服而享有天下，并且连续两代天子都能谨守自己的职分。"到灵王时，生下来就有胡须，聪明敏捷而且气度非凡，管理诸侯不用恶政。从灵王到景王，两代天子都能善始善终。髭，嘴上边的胡须。

【译文】

成恭杜皇后虽然美丽贤淑，但是到了成年仍然没有长出牙齿，晋成帝遣使提亲，一夜之间牙齿就长齐了；周灵王生下来就长有胡须，与儿子周景王施行仁政，都能善始善终，享有天下。

贾谊忌鵩①，庄周畏牺②。

【注释】

①贾谊忌鵩（fú）：贾谊，雒阳（今河南洛阳）人。著名政论家，文学家。据《汉书·贾谊传》，贾谊少年得志，文帝时任博士，后为绛侯周勃、颍阴侯灌婴所诬，被贬谪为长沙王太傅，人称贾长沙、贾太傅。贾谊在长沙的第三年，有鵩鸟飞入房间。鵩鸟形似猫头鹰，被认为不祥。自贾谊被贬长沙，不习水土，本就哀伤自怜，今见鵩鸟入舍，心有忌惮，以为不久人世。于是作《鵩鸟赋》抒发忧愤之情，以自我安慰。鵩，古书上说的一种不吉祥的鸟。

②庄周畏牺：庄周，名周，世称"庄子"，战国时期宋国人。道家思想代表人物，与老子并称"老庄"。据《庄子·列御寇》，有人聘请庄子出仕为官，庄子跟前来送信的使者说："你见过那种专门饲养在宗庙，用于祭祀的牛吗？身上披着花纹绚丽的锦绣，吃着异常精细的草料，看起来衣食无忧，岁月静好。可是一旦到了祭祀的

时间，当它被牵入太庙，被杀掉成为祭品的时候，它哪怕想成为一个无依无靠、饮食无着的小孤牛，也是不可能的事情啊！"庄周于是拒绝了来使。牺，古代做祭品用的纯色牲畜。

【译文】

贾谊见鹏鸟进宅而心有忌惮，担心自己寿命福禄不长；庄子畏惧别人把自己当成祭祀的牺牲，拒绝聘请而不愿做官。

燕昭筑台^①，郑庄置驿^②。

【注释】

① 燕昭（zhāo）筑台：燕昭，指燕昭王，战国时燕国国君。在位期间，礼重人才，广纳贤士。师事郭隗，外用苏秦，内用乐毅，经过长期休养生息，国家殷富，士卒效命，燕国进入鼎盛时期。据《史记·燕召公世家》，燕昭王即位后，用优厚的待遇招揽贤者。郭隗建议说："大王您如果一定要招揽贤才，那么就从我开始吧！如果我这样的人都能被您优待和重用，那些比我更优秀的人哪怕相距千里，他们能不来投奔吗？"于是燕昭王为郭隗单独修筑华丽的住宅，用侍奉老师的礼节对待他。据传，燕昭王还修建黄金台，为尊师郭隗之所。一时间，贤士们争相来投，乐毅从魏国、邹衍从齐国、剧辛从赵国投奔而来。

② 郑庄置驿（yì）：郑庄，即郑当时，字庄，陈国（治今河南淮阳）人。据《汉书·郑当时传》，郑庄为人任侠，汉文帝时，因解救梁孝王的大将军、平定七国之乱的功臣张羽于困境而闻名于梁、楚之地。到汉景帝时，郑庄做太子舍人。每逢休假日，他都会在长安郊外准备好马匹，骑马去拜访宾朋，夜以继日，就算这样还总是担心有所疏漏。郑庄接待客人，总是谦卑而恭敬。郑庄向皇上推荐士人以及自己的下属时，总是声称这些人比自己还要优秀。所以，郑

庄获得士人们的交口称赞。

【译文】

燕昭王高筑黄金台,求贤纳士,燕国因此强盛;郑庄每逢节假日就乘驿马出行,寻访贤者,为众人称道。

瓘靖二妙①,岳湛连璧②。

【注释】

①瓘(guàn)靖二妙:瓘,指卫瓘,字伯玉,河东安邑(今山西运城)人。学问渊博,各种才艺娴熟,个性严谨。靖,指索靖,字幼安,敦煌(今甘肃敦煌)人。自幼超凡出众,卓尔不群,为"敦煌五龙"之一。据《晋书·卫瓘列传》,卫瓘和索靖都任职于尚书台,且皆擅长草书,时称"一台二妙"。东汉末年的张芝是草书大家,评价者都说卫瓘得到了张芝书法的筋骨,索靖得到了张芝书法的形貌。

②岳湛(zhàn)连璧:岳,指潘岳,字安仁,荥阳中牟(今河南荥阳)人。潘岳少年有美名,以聪明颖慧为乡里称道,人称神童。湛,指夏侯湛,字孝若,谯国谯郡(今安徽亳州)人。才华出众,少年成名。据《晋书·夏侯湛列传》,二人关系很好,出门同乘一车,休息则座席相连,在京都洛阳被称为"连璧",意为并列的美玉。

【译文】

卫瓘与索靖同在尚书台任职,二人的草书并称高妙;潘岳和夏侯湛相貌俊美且关系友善,京都称其为璧玉相连。

郗诜一枝①,戴凭重席②。

【注释】

①郗诜(xì shēn)一枝:郗诜,字广基,济阳单父(今山东单县)人。

出身官宦之家，父亲郤晞为当朝尚书左丞。郤诜博学多才，伟岸倜傥，行为不拘小节。据《晋书·郤诜列传》，郤诜迁为雍州刺史，赴任前，晋武帝率众人于东堂为他饯行。武帝问郤诜："你怎么评价自己？"郤诜回答："我被推举为贤良方正，回答策问时为天下第一，犹如桂树林中一段小枝，昆仑山上一片碎玉，不值一提。"晋武帝听了大笑。郤诜在任期间，执法威严，断案公正，深得民众拥戴。

②戴凭重席：戴凭，字次仲，汝南平舆（今河南驻马店）人。东汉经学家。据《后汉书·儒林列传·戴凭》，建武年间的一个正月初一，群臣朝贺新年，汉光武帝刘秀命大臣们发表对儒学经典的见解。并要求解经能力优秀者相互辩难，还规定不能把经义讲通者，就要将座席让给能够阐明经义的大臣。在这次辩论赛中，戴凭旁征博引，论辩滔滔，以广博的学识和雄辩的口才，一共获得五十余张座席。京师夸赞他说："解经不穷戴侍中。"

【译文】

郤诜明经策问名列第一，却谦称自己为桂树林中一段小枝；戴凭学识渊博，辩经赛中一举夺得多重席位。

邹阳长裾①，王符缝掖②。

【注释】

①邹阳长裾（jū）：邹阳，齐国临淄（今山东淄博）人。西汉文学家。有智慧谋略，性格伉直，不苟且逢迎。据《汉书·邹阳传》，吴王刘濞称病不朝，暗中有谋反之意。门客邹阳给吴王上书，劝谏说："现在我作为臣子，只要能够恪尽职守，殚精竭虑，到哪一国不能求取功名呢？只要我整饬修饰固陋之心，到哪个诸侯王门下不能长裾拖地、悠游自在地获得官职呢？我之所以穿越好几个诸侯

国,不远千里来到淮河边,归附您的门下,是因为我仰慕您的道
义,尊崇您的行为。所以请您认真听取我的建议。"吴王终究没
有采纳邹阳的劝谏。邹阳于是离开吴国,投靠梁孝王,被待为上
客。长裾,宽大的儒服。这里指被有权势的人重用,穿着宽大的
儒服,从容出入于权贵之门。

② 王符缝掖(yè):王符,字节信,安定临泾(今甘肃庆阳)人。东
  汉文学家、思想家。王符年少好学,有志气节操,性格耿直,不与
  世俗同流合污,著有《潜夫论》,终生未仕。据《后汉书·王符列
  传》,度辽将军皇甫规解官归乡,有位同乡曾拿钱买雁门太守的职
  位,也去职还家。这个所谓的"雁门太守"投递名帖拜见皇甫规,
  皇甫规躺着不出门迎接。等"雁门太守"进来后,皇甫规讥讽地
  问:"你在雁门做郡守时,大雁好吃吗?"过了一会儿,门人报告说
  王符来拜见。皇甫规猛地起身,拖拉着鞋子就出门迎接。牵着王
  符的手回到屋里,和他坐在一起,极言欢笑。当时人们都说:"徒
  见二千石,不如一缝掖。"缝掖,大袖单衣,古时候儒者所穿。有
  贫穷之意。

【译文】

邹阳被诸侯王重用,身穿长裾从容自在;王符身着简陋的大袖单衣,
也一样为人尊重。

　　鸣鹤日下,士龙云间①。

【注释】

① 鸣鹤日下,士龙云间:鸣鹤,指荀隐,字鸣鹤。士龙,指陆云,字
  士龙。东吴丞相陆逊之孙,大司马陆抗第五子,与其兄陆机合称
  "二陆"。据《晋书·陆云列传》,吴国被平定后,陆云和哥哥陆
  机游学洛阳。陆云与荀隐并不相识,一次他们在张华的宴会上

相遇。张华说："今天大家相聚,不要尽说些凡夫俗子的老生常谈。"陆云因此高声说:"我是云间陆士龙。"荀隐接声道:"我是日下荀鸣鹤。"陆云的家乡是华亭,云间是古华亭(今上海松江)的别称,故陆云有此说。古代把帝王比作太阳,京城及附近地区被称为日下。荀隐为颍川人,近京都洛阳,所以自称为"日下荀鸣鹤"。

【译文】

陆云和荀隐初次见面,介绍自己时相互打趣,荀隐说自己是日下鸣鹤,陆云说自己是云中之龙。

晋宣狼顾①,汉祖龙颜②。

【注释】

①晋宣狼顾:晋宣,指司马懿,字仲达,河内温县(今河南焦作)人。司马懿自幼聪明,博学多闻,有雄才大略。晋武帝司马炎受魏禅,尊其祖司马懿为"宣皇帝"。据《晋书·帝纪·宣帝司马懿》,司马懿外表敦厚而内心猜忌,深有权谋。曹操察觉司马懿有雄心壮志,听闻他有狼顾之相,想验证一下。曹操让他走在前面,故意在后面叫他。果然,司马懿回过头来,脸正冲后面,而身子却能朝前保持不变,姿势跟狼一样。狼顾,像狼一样回头看。

②汉祖龙颜:汉祖,即汉高祖刘邦,字季,沛县(今江苏沛县)人。据《史记·高祖本纪》,刘邦的母亲刘媪,一次在水塘边休息,梦见与神人偶遇。当时雷电交加,天色晦暗。刘邦的父亲刘太公来接应的时候,发现有一条蛟龙蟠在刘媪身上。很快刘媪有了身孕,不久后生下刘邦。刘邦长相奇异,鼻梁很高,面貌如龙,胡须漂亮,左边大腿上有七十二颗黑痣。宽厚仁爱,心胸豁达,抱负远大,不屑于从事寻常琐事。终建汉朝,成就伟业。

【译文】

晋宣帝司马懿心怀不端,回头的时候状若狼顾;汉高祖刘邦长相奇异,面貌如龙。

鲍靓记井^①,羊祜识环^②。

【注释】

①鲍(bào)靓记井:鲍靓,字太玄,东海(治今山东郯城)人。据《晋书·鲍靓列传》,鲍靓五岁的时候,跟父母说:"我本是曲阳李家儿,九岁坠井而死。"他父母打听到曲阳李家,情况果然如鲍靓所说。鲍靓学兼内外,通晓天文地理,后来升迁为南海太守。鲍靓曾遇到仙人阴君,阴君传授他修道秘诀,能煮石充饥。活到一百多岁方去世。

②羊祜(hù)识环:羊祜,字叔子,泰山南城(今山东费县)人。名门望族"泰山羊氏"的后裔。世代食禄二千石,到羊祜已是第九代,整个家族以清廉有美名。据《晋书·羊祜列传》,羊祜五岁那年,多次向乳母讨要自己的金环,乳母说:"可是你并没有这个东西啊!"羊祜就到姓李的邻居家东墙边桑树树洞里,掏出来一个金环。主人吃惊地说:"这是我死去的孩子的东西,你怎么能拿走?"乳母就把事情的原委告诉这家主人,人们都很惊异,以为羊祜的前身就是李家孩子。

【译文】

鲍靓能记得自己前世是因为坠井而死,羊祜能找到自己上辈子藏起来的金环。

仲容青云^①,叔夜玉山^②。

【注释】

①仲容青云：仲容，指阮咸，字仲容，陈留尉氏（今河南尉氏）人。与叔父阮籍并称"大小阮"。据《晋书·阮咸列传》，阮咸生性旷达，放荡不羁，不拘俗礼。与叔父阮籍游于竹林，被当世信守礼法者所讥笑。阮咸、阮籍家在路南，其他阮氏住路北，北富而南穷。七月七日晾衣节这天，北阮纷纷晾晒自家衣物，罗列堂前，灿烂夺目。阮咸在庭院里用长竹竿挑起来一个大裤衩，说："咱不能免俗，姑且也晾晒一下衣物。"颜延年作《五君咏》，比喻阮咸为"青云器"，赞扬他是胸怀旷达、志趣高远之才。青云，比喻志行高远。

②叔夜玉山：叔夜，指嵇康，字叔夜，谯国铚县（今安徽宿州）人。嵇康性格恬静，寡欲无求，宽容简约，能容万物，气量非凡。博览群书，无所不通，长大后爱好研习《老》《庄》。与阮籍、山涛、向秀、刘伶、阮咸、王戎合称"竹林七贤"。据《世说新语·容止》，山涛评价嵇康说："叔夜之为人，如悬崖上挺拔昂首的孤松；喝醉的时候，如巍峨高峻的玉山将要倾倒。"

【译文】

阮咸胸怀旷达、志趣高远，有青云之志；嵇康气质伟岸，喝醉之时如玉山将倾。

毛义奉檄①，子路负米②。

【注释】

①毛义奉檄（xí）：毛义，字少节，庐江（今安徽庐江）人。家中贫穷，以孝行著称。据《后汉书·刘赵淳于江刘周赵列传》，南阳人张奉仰慕毛义名声，登门拜访，刚坐定，郡府征召檄文恰好到达，任命毛义为安阳县令。毛义手捧文书进入室内，喜悦之情溢于言表。张奉是个有气节之士，非常鄙视毛义这种见禄而喜的做派，

后悔自己的这次来访，坚辞而去。后来毛义的母亲去世，毛义辞官守孝。又被举荐为贤良，官府多次派公车征召，毛义都没有应征。张奉叹息说："贤人本不可推测，毛义往日的欢喜，仅仅是为了父母而降志屈己以任官职啊！所谓'家贫亲老，不择官而仕'者也。"奉檄，恭敬地捧着征召录用的通知书。

②子路负米：子路，又称季路，名仲由，春秋时鲁国人。孔子弟子，长期随侍孔子，在孔子弟子中年龄最长，性格耿直，有勇力才艺。据《孔子家语·致思》，子路见孔子，说："负重涉远，不择地而休；家贫亲老，不择禄而仕。之前我侍奉双亲的时候，家境贫寒，吃粗劣的饭菜，去百里之外的地方背米回来。父母去世之后，我去南方楚国做官，过着锦衣玉食的日子。但是我想再回到过去，吃粗劣的饭菜，去百里之外背米，以孝敬父母。"孔子评价他说："父母健在的时候竭尽全力，父母去世后极尽哀思。"

【译文】

毛义捧檄而笑，是为了侍奉老母；子路百里负米，是为了孝敬双亲。

江革巨孝①，王览友弟②。

【注释】

①江革巨孝：江革，字次翁，齐国临淄（今山东淄博）人。幼年失父，与母亲相依为命。据《后汉书·江革列传》，天下大乱，江革背着母亲逃难，历经艰险，一路上以采摘和捡拾养活母亲。多次遭遇贼寇，每次要把江革劫持走时，江革就哭泣求告，说有老母亲需要奉养，言辞哀伤恳切，感人肺腑。贼人被打动，心有不忍，不但不打劫江革，还为他指路。穷到无鞋可穿，江革就光着脚为别人务工，来供养母亲。担心母亲坐车颠簸，江革就亲自拉车。人们赞颂江革的孝行，称其为"江巨孝"。

②王览友弟（tì）：王览，字玄通，琅邪临沂（今山东临沂）人。其兄为"卧冰求鲤"主人公、西晋太保王祥。据《晋书·王览列传》，王览的生母朱氏不喜欢丈夫前妻的儿子王祥，经常虐待他。王览年仅数岁时，见到王祥挨打，就会抱着他哭。朱氏在酒中下毒，想加害王祥，王览知道后，端起酒杯径直就喝。王祥怀疑酒中有毒，和王览争夺。朱氏突然向前，夺过酒杯倒在地上。之后朱氏给王祥的饮食，王览都要先尝。王览孝悌恭敬友善，名声仅次于王祥。弟，通"悌"。敬爱兄长。

【译文】

江革特别孝顺，在乱世中尽力侍奉好母亲；王览敬爱兄长，争饮毒酒不怕以身代死。

萧何定律①，叔孙制礼②。

【注释】

①萧何定律：萧何，沛县（今江苏沛县）人。西汉开国功臣，"汉初三杰"之一。据《汉书·刑法志》，汉高祖刘邦刚进驻关中，就与关中父老约法三章："杀人者死，伤人及盗抵罪。"废除秦国其他旧有的严刑酷法，百姓欢欣鼓舞，奔走相告，唯恐刘邦不在关中做秦王。后来，因为四方的少数民族还未归附，战争无法止息，仅仅靠这三条法令，不能防御邪恶之人。于是相国萧何扬弃秦法，借鉴其中合乎时宜的条款，重新制作了九章法律。

②叔孙制礼：叔孙，指叔孙通，薛县（今山东滕州）人。据《史记·刘敬叔孙通列传》，叔孙通向刘邦进谏，征召鲁地儒生，请他们借鉴古礼再融合秦朝制度，来制定适合当下的朝廷礼仪。汉高祖七年（前200），长乐宫竣工，诸侯群臣都来朝拜，参加首岁大典。大典上有着威严的仪式，大臣们以地位尊卑依次为皇帝祝

寿。负责监察的御史要求大家严格执照仪式执行,凡有举动不合礼仪的就被带走,于是整个过程没有人敢大声喧哗、举动失礼。汉高祖说:"吾乃今日知为皇帝之贵也。"于是授官叔孙通为太常,赐金五百斤。

【译文】

萧何扬弃秦法,为汉朝制定合乎时宜的九章法律;叔孙通为汉高祖制定朝拜礼仪,以维护皇帝威严。

葛丰刺举[①],息躬历诋[②]。

【注释】

①葛丰刺举:葛丰,指诸葛丰,字少季,琅邪(今山东临沂)人。以通晓经书被任命为郡文学,为人刚强正直,特立独行。据《汉书·诸葛丰传》,诸葛丰被提拔为司隶校尉后,忠于职守。无论是举荐有功之士,还是检举奸邪之徒,不管其职位高低、身份贵贱,一无所避,不徇私情。皇上嘉奖他的操守与气节,加封光禄大夫。刺举,检举奸恶,举荐有功。

②息躬历诋(dǐ):息躬,指息夫躬,字子微,河内河阳(今河南孟州)人。年轻时为博士弟子,学习《春秋》,通览传记及百家之书。据《汉书·息夫躬传》,息夫躬任光禄大夫时,为皇帝近臣,多次向皇帝进谏,谈论政事,直陈得失,无所回避。人们因为怕被他弹劾,路上遇见,不敢与他对视。息夫躬上疏皇帝,逐一批评公卿大臣:"当今丞相王嘉,刚健急躁而短视,不可任用。御史大夫贾延,懦弱无能不称职。左将军公孙禄和司隶鲍宣,虽有刚正不阿的名声,实际上内心愚钝,不懂政事。他们下面的诸位官员,更是平庸无能不足以道。如果突然有劲敌来犯,兵临城下,强弩围城,长戟指阙,陛下您能与谁共御来犯之敌呢?"诋,诋毁,批评。

【译文】

司隶校尉诸葛丰无论是举荐有功,还是检举有罪,都秉公而论;光禄大夫息夫躬上疏皇帝,逐一点评朝内公卿大臣,为君王分忧。

管宁割席①,和峤专车②。

【注释】

①管宁割席:管宁,字幼安,北海朱虚(今山东临朐)人。一生笃志好学,不求仕进。据《世说新语·德行》,管宁与华歆一起在菜园锄草,土中翻出来一块金子。管宁视若瓦石,挥锄如故。华歆把金子捡起来,反复看了看,又扔掉了,有不舍之意。管宁与华歆又同席读书,门外有华丽的马车经过,管宁继续读书,丝毫不被打扰,华歆却扔下书跑出去看热闹。管宁割席分坐,说:"子非吾友也。"

②和峤(qiáo)专车:和峤,字长舆,汝南西平(今河南西平)人。年少有风度,行事稳重,有盛名于当世,朝野赞许他能整治风俗,敦厚人伦。据《晋书·和峤列传》,按典章制度,监官和令官要同乘一辆车入朝,当时荀勖为中书监,和峤为中书令。荀勖为人阿谀,善于逢迎,所以和峤非常鄙视荀勖,对他毫不客气。每次上朝,公车一来,和峤总是抢先上车,不给荀勖留座。官府没有办法,只好更改规矩。监令不同车,就是从和峤开始的。

【译文】

管宁割断座席,不和无志于学习的人为友;和峤鄙视阿谀逢迎之人,不与之共乘一车。

时苗留犊①,羊续悬鱼②。

【注释】

①时苗留犊（dú）：时苗，字德胄，钜鹿（今河北邢台）人。少年时就清白为人，疾恶如仇。据《三国志·魏书·常林传》裴松之注引《魏略》，建安年间，曹操任命他为寿春令，执政有方，令行禁止。当初他赴任时，乘坐单薄的牛车，仅有粗布行囊。一年后，自家的这头母牛生下一只小牛犊。离任时，时苗对主簿说："我来上任时本来是没有这个小牛犊的，它是在淮南时生的，理应归淮南所有。"执意留犊而去。秦汉时，寿春为九江郡、淮南国治所。犊，小牛。

②羊续悬鱼：羊续，字兴祖，泰山平阳（今山东新泰）人。出身于著名的"泰山羊氏"，是西晋名将羊祜的祖父。据《后汉书·羊续列传》，羊续为南阳太守时，扫除境内贼寇，发政施仁，百姓信服。衣食住行简陋，车马破旧瘦弱。府丞知道羊续喜欢吃鱼，就送给他一条鱼。考虑到同事关系，拒之不妥，羊续便接受了这条鱼。为了杜绝府丞再来献鱼和别人效法，羊续将它悬挂起来。府丞不久后又送来一条鱼，羊续将所挂之鱼给他看，府丞这才作罢。

【译文】

时苗为官清廉，离任时把小牛犊也要留下；羊续为了杜绝下属向自己送礼，把鱼悬挂起来。

　　樊哙排闼①，辛毗引裾②。

【注释】

①樊哙排闼（tà）：樊哙，沛县（今江苏沛县）人。早年以屠狗为业，后追随刘邦。娶吕雉之妹吕嬃为妻，骁勇善战，为刘邦麾下得力猛将，鸿门宴时，营救刘邦有功。天下既平，论功行赏，封舞阳侯。据《汉书·樊哙传》，黥布反叛时，高祖刘邦情绪低落，一度病得厉害。他卧病禁中，诏令守门人不接受觐见。群臣中如绛侯周

勃、颍阴侯灌婴都不敢入宫。十多天后，樊哙推开门直接进去，群臣们紧随其后。看到高祖枕着一个宦官躺在床上，樊哙等人跪拜在地，痛哭流涕地说："想当初陛下和我们从丰沛起兵，平定天下，是多么伟大的壮举啊！现在天下已经安定，您为什么如此疲惫不堪呢？您病情严重，不愿和我们这些大臣共商国是，却枕着一个宦官独自高卧。您难道忘了前朝赵高作乱的往事了吗？"高祖听完，重振精神，就笑着起了床。排闼，推门，撞开门。

②辛毗引裾：辛毗，字佐治，颍川阳翟（今河南禹州）人。汉末三国时期曹魏大臣。据《三国志·魏书·辛毗传》，魏文帝曹丕即位后，辛毗被提拔为侍中，赐爵关内侯。文帝欲将冀州十万户迁徙到河南，当时连年蝗灾，民间饥荒严重，大臣们以为不可。而文帝一意孤行，态度坚决。辛毗与群臣一起求见，文帝知道他们想要劝谏，怒气冲冲地接见他们。群臣都不敢进言，只有辛毗说："陛下不因臣不肖而让臣伴您左右，忝列谋议之官。迁徙这么重大的事情，您怎么能不与臣商议呢？臣所言非出自私心，乃是为社稷考虑啊！"文帝不回答，拂袖而起就要进内宫。辛毗紧随文帝并拉着他的衣裾不放，文帝奋力挣脱才得以进入内宫。文帝最终妥协，答应只迁徙一半人口。

【译文】

樊哙不顾汉高祖的禁令，撞门直入禁中，进行劝谏；辛毗为了劝谏魏文帝，扯着皇上的衣裾，强行进言。

孙楚漱石①，郝隆晒书②。

【注释】

①孙楚漱（shù）石：孙楚，字子荆，太原中都（今山西平遥）人。西晋官员、文学家。孙楚才华卓绝，善辞藻，为人豪爽。据《晋

书·孙楚列传》,当初,孙楚和同郡的王济关系友善,孙楚想要过隐居生活,就对王济说:"我要过那种'枕石漱流'(以山石为枕,用江流洗漱)的逍遥生活。"结果因为口误,将"枕石漱流"说成了"漱石枕流"。王济说:"江流并不可以当枕头,山石也不可以洗漱。"孙楚机智地说:"我之所以要以江流当枕头,是想用它洗耳;之所以用山石洗漱,是想让自己口齿更为伶俐。"

②郝(hǎo)隆晒书:郝隆,字佐治,东晋名士,学识渊博,性格诙谐。仕途不顺,后辞官归乡隐居。据《世说新语·排调》,魏晋时,有七月七日晒衣服的习俗。这天,郝隆袒胸露腹地仰卧在大太阳下。人们问他,郝隆回答说:"我在晒我这满腹的书籍。"

【译文】

孙楚愿用山石洗漱,以让自己口齿伶俐;郝隆在七月七日不晒衣物,而晒自己满腹书籍。

枚皋诣阙①,充国自赞②。

【注释】

①枚皋(gāo)诣阙(yì què):枚皋,字少孺,淮阴(今江苏淮安)人。西汉辞赋家枚乘之子。受父亲影响,枚皋自幼爱好文学,工于辞赋。据《汉书·枚皋传》,十七岁时,枚皋上书梁共王,得其赏识,被召为郎官。后被人诬陷而获罪,流亡到长安。枚皋在长安上书朝廷,自言为枚乘之子。汉武帝还是太子的时候,就听说过枚乘的名声。等到即位为天子,枚乘已经年迈,不能为朝廷所用。武帝再下诏书寻找枚乘的儿子,但没有善于写文章的,也只好作罢。现在竟然又发现枚皋,武帝大喜过望,赶忙宣枚皋入宫,让他等待诏用。诣阙,上书皇帝,请求召见。

②充国自赞:充国,指赵充国,字翁孙,陇西上邽(今甘肃天水)人。

赵充国做事沉着勇敢，有远大谋略，为"麒麟阁十一功臣"之一。据《汉书·赵充国传》，汉昭帝去世后，赵充国与大将军霍光拥立汉宣帝，获封营平侯。数次征讨匈奴，战功赫赫。宣帝神爵初年，羌人部落骚扰边塞。时年赵充国已七十有余，宣帝认为充国年迈，让御史大夫丙吉前去请教谁可率军征讨诸羌。赵充国自我表扬说："再没有比老臣我更合适的人选了。至于具体的作战方法，百闻不如一见，我愿亲到金城，实地考察，然后献上作战策略，一平反叛。"于是出征平定了西羌的叛乱。

【译文】

枚皋上疏朝廷，表明自己是枚乘之后，被皇上赏识；赵充国老当益壮，自我表彰说可为征敌统帅。

王衍风鉴①，许劭月旦②。

【注释】

①王衍（yǎn）风鉴（jiàn）：王衍，字夷甫，琅邪临沂（今山东临沂）人。他出身琅邪王氏，相貌俊秀，风姿文雅。童年时的王衍曾去拜访山涛，山涛见到他感叹了许久，告辞的时候又目送他很久，说："何物老妪，生宁馨儿，然误天下苍生者，未必非此人。"据《晋书·石勒列传》，石勒十四岁时，与同乡到洛阳做买卖，偶尔倚在上东门吟啸，恰巧被王衍听到。王衍非常惊奇，回头对左右说："这个胡人子弟，志向高远，气度不凡，恐怕以后会成为中原的祸患。"就派人去捉拿石勒，未果。多年之后，石勒建立后赵，一度统一北方，威胁到晋朝的统治。

②许劭（shào）月旦：许劭，字子将，汝南平舆（今河南平舆）人。少有名节，喜好品评人物。据《后汉书·许劭列传》，许劭与堂兄许靖俱有高名，喜好一起品评本地人物，每月评议不同的人，故汝南

俗语有"月旦评"之说。月旦,每月的初一。月旦评,指许劭每月
对乡里不同人物的品评。

【译文】

王衍能预判一个人未来的发展,许劭每月品评人物不断。

贺循儒宗^①,孙绰才冠^②。

【注释】

①贺循儒宗:贺循,字彦先,会稽山阴(今浙江绍兴)人。据《晋书·贺
　循列传》,贺循节操高尚,幼时即不同凡响,言行举止,一定按照礼
　的要求。贺循任武康县令期间,革除旧弊,一改陋习,政令教化广
　为流传,以至邻近的城邑纷纷效仿。建武初年,任中书令,加散骑
　常侍,贺循以年老多病为由,固辞不受,于是改授太常。朝廷凡有
　疑难不决之事,都会向他咨询请教,贺循总能据礼回答,是当世的
　儒学宗师。

②孙绰(chuò)才冠:孙绰,字兴公,太原中都(今山西平遥)人。东
　晋玄言诗派代表。学识渊博,善写文章,推重张衡和左思。据《晋
　书·孙绰列传》,孙绰曾作《天台山赋》,文辞工整。刚写成,拿给
　友人范荣期看,说:"你试着把这篇赋扔到地上,一定会发出金石
　撞击的清越之声。"在当时的文人中,孙绰才华名列第一。很多
　王公贵族去世后,必须是孙绰为他们写碑文,才愿刻在碑石上。

【译文】

贺循做事据礼而行,是当世儒学宗师;孙绰才华卓著,名列当时文人
第一。

太叔辩洽,挚仲辞翰^①。

【注释】

①太叔辩洽,挚仲辞翰(hàn):太叔,指太叔广,字季思,东平(今山东东平)人。曾任太常博士,才思敏捷,言语明辩,和挚虞同朝为官。挚仲,指挚虞,字仲洽,京兆长安(今陕西西安)人。年轻时跟随皇甫谧学习,才学博通,著书立说,不知疲倦。据《晋书·挚虞列传》,挚虞生性喜爱读书人,凡有推荐的表奏,总要多为润色,美其说辞。太叔广谈论的问题,挚虞难以应对;挚虞书写的文章,太叔广不能辩答。

【译文】

太叔广知识广博,辩才卓越;挚虞擅写文章,辞藻华美。

山涛识量①,毛玠公方②。

【注释】

①山涛识量:山涛,字巨源,河内怀县(今河南武陟)人。年少有气度,卓尔不群。喜好《老》《庄》,与嵇康、吕安相友善,后来结交阮籍,志趣相投,同为竹林七贤。据《晋书·山涛列传》,晋武帝司马炎执政时,山涛被任命为吏部尚书。山涛有识人之量,能知人善任,使人尽其才,前后推荐提拔的人遍布朝廷和州郡。识量,识见和度量。

②毛玠(jiè)公方:毛玠,字孝先,陈留平丘(今河南封丘)人。曹操任东汉丞相时,毛玠曾做过东曹掾,与崔琰一起主持人才的推荐选举工作,他所推荐任用的都是清廉正直之士。据《三国志·魏书·毛玠传》,魏文帝曹丕还是五官中郎将时,亲自拜访毛玠,嘱托毛玠在提拔人才时多照顾自己的亲眷。毛玠回答说:“老臣因为能恪尽职守,才有幸得以不犯错误。现在您推荐的人达不到升迁条件,所以我不敢遵从您的命令。”毛玠廉洁奉公,正直无私,

任何请托说情都行不通。

【译文】

山涛有识人之量，知人善任；毛玠公平方正，任人唯贤。

袁盎却座^①，卫瓘抚床^②。

【注释】

①袁盎（àng）却座：袁盎，字丝，楚国（治今江苏徐州）人。个性刚直有才干，以胆识与见解为汉文帝赏识。据《汉书·袁盎传》，汉文帝即位后，袁盎任中郎将。一次，文帝驾幸上林苑，窦皇后和慎夫人随从。他们在宫禁中的时候，经常同席而坐。这次要入席的时候，袁盎走在前面，把已经为慎夫人摆好的座席向后拉了拉。慎夫人发怒，不肯就座，文帝也生气地起身要离开。袁盎劝谏文帝，说："尊卑有序则上下和睦。陛下您现在已经立窦皇后为皇后，而慎夫人的身份是姬妾，姬妾怎么可以和主子并排而坐呢？陛下宠爱慎夫人，可以多赏赐于她。现在陛下为慎夫人所做的事情，恐怕以后会为慎夫人引来灾祸。难道您忘了当年吕后把高祖喜欢的姬妾戚夫人变成'人彘'的事情了吗？"却座，把座位向后撤。

②卫瓘（guàn）抚床：卫瓘，字伯玉，河东安邑（今山西运城）人。著名书法家。晋武帝时升任司空，为政清廉简明，得朝野内外赞誉。据《晋书·卫瓘列传》，晋惠帝司马衷还是太子的时候，大臣们都认为他过于纯朴，没有能力料理政事。卫瓘多次想奏请皇帝废惠帝而另立太子，却不敢说出来。后来君臣在陵云台宴饮，卫瓘假装醉酒，跪在皇帝床前说："臣有事卜奏。"卫瓘欲言又止，最终还是不敢直言，就摸着床说："这么好的座位，可惜了啊！"皇帝心里明白，故意装糊涂说："看来你真是喝醉了！"卫瓘从此不再提及此事。

【译文】

　　袁盎为了维护尊卑上下的次序,把慎夫人的座席后移;卫瓘想要劝谏皇上废立太子,抚摸着床来暗示皇上。

于公高门①,曹参趣装②。

【注释】

①于公高门:于公,指于定国的父亲。于定国,字曼倩,东海郯县(今山东郯城)人。年轻时跟随父亲学习法律,汉宣帝时,任廷尉。为人谦恭自守,能决疑平法,为时人所称赞。据《汉书·于定国传》,于定国的父亲于公曾任县狱吏、郡决曹,判案公正,受民众拥戴,郡里为他修建生祠。于公住处的巷门坏了,父老乡亲一起修缮。于公说:"请将闾门建得高大些,能容驷马高盖车。我治狱积攒了许多阴德,没有冤枉过人,我的子孙中必定有兴旺发达的。"后来于定国官至丞相,被封为西平侯。于定国的儿子于永官至御史大夫,封侯世袭。

②曹参趣装:曹参,沛县(今江苏沛县)人。从高祖平定天下有功,封平阳侯。据《汉书·曹参传》,萧何死,曹参听闻后马上和门客说:"赶紧为我整理行装,我要入朝为相了。"没多久,朝廷果然召曹参代萧何为相。曹参一仍前任,举事无所变更,全部按照萧何之前制定的规矩执行。曹参死后,百姓歌之曰:"萧何为法,讲若画一。曹参代之,守而勿失。载其清靖,民以宁一。"趣装,即促装,赶快整理行装。

【译文】

　　于公知道自己秉公执法能造福子孙,请求把闾门修得高大一些;曹参知道自己将要为相国,让门客尽快整理行装。

庶女振风^①,邹衍降霜^②。

【注释】

①庶(shù)女振风:庶女,平民的女儿。据《淮南子·览冥训》,齐国有个妇人,蒙受冤枉,向天喊屈。结果雷电击毁齐景公的楼台,景公受伤骨折,飓风引发海啸,海水泛滥。许慎解释说:齐国这个妇人,丈夫去世后,虽然没有子嗣,但是她坚决不改嫁,侍奉婆婆非常孝顺。家里还有一个小姑子,小姑子想独占家产,就杀死自己的母亲来诬陷妇人。妇人无法自证清白,只能向天喊冤,就发生了这些异常天灾。

②邹衍(yǎn)降霜:邹衍,又称驺衍,战国时期哲学家,阴阳家的代表人物,稷下学宫的著名学者。邹衍听说燕昭王礼贤下士,于是从梁国来到燕国,受到燕昭王礼遇,甚至亲自扫地迎接他。据《淮南子·览冥训》,燕昭王去世后,燕惠王听信左右谗言,将忠心耿耿的邹衍逮捕入狱。邹衍衔冤无处申诉,仰天而哭。时值盛夏,天为之霜。

【译文】

齐女受冤,向天悲泣,飓风吹垮殿堂;邹衍被谗,捶胸悲痛,燕地盛夏飞霜。

范丹生尘^①,晏婴脱粟^②。

【注释】

①范丹生尘:范丹,一作范冉,字史云,陈留外黄(今河南民权)人。曾跟马融学习,精通经典。据《后汉书·独行列传·范冉》,汉桓帝时,范丹被任命为莱芜长,因为母亲去世,没有赴任。又被太尉府召用。后遭遇党人之祸,被禁锢无法出仕。就推着人力小车,

载着妻子儿女靠捡拾为生。有的时候住在客栈,有的时候就幕天席地,直接在树下过夜。如此过了十余年,才修了一座草庐居住。他生活简陋,有时甚至没有饭吃,但举止自如,毫不在意。乡里歌唱他说:"甑中生尘范史云,釜中生鱼范莱芜。"甑里生出尘土,锅里生出鱼,极言断炊已久。

②晏(yàn)婴脱粟:晏婴,字平仲,夷维(今山东高密)人。齐国国相,以能言善辩著称。据《晏子春秋》,晏婴吃的是粗糙的米饭,菜不过是三只烤鸟、五颗蛋和海苔而已。齐景公以为是晏子家贫的缘故,晏子说是因为世上食物还不充足,他有这些已经很好了。脱粟,仅去掉外壳,没有进一步细加工的糙米。

【译文】

范丹生活贫困,没米做饭以至于锅里积灰;晏婴为齐相,生活节俭,吃的米饭很粗糙。

诘汾兴魏①,鳖灵王蜀②。

【注释】

①诘汾(fén)兴魏:诘汾,指拓跋诘汾,东汉末年鲜卑的部落首领,北魏皇帝先祖。北魏建立后,追封圣武皇帝。据《北史·魏本纪·魏先世》,诘汾曾在山泽打猎,见一辆有帷盖的车子从天而降。车内有一位美妇人,自称天女,受天之命来做诘汾的配偶。第二天告辞返回天宫,约定好一年后仍然在这里见面。到了一年之期,诘汾再来相遇之处,果然见到天女,天女将所生男孩交给诘汾,说:"这是你的儿子,能够成为帝王。"说完就走了,这个儿子就是拓跋力微。拓跋力微成为部落酋长后,兼并他部,诸部震服,成为部落联盟大酋长。北魏建立后,被追封为始祖神元皇帝。

②鳖(biē)灵王蜀:鳖灵,传说中古代蜀国帝名。据《蜀王本纪》,荆

地有一个人叫鳖灵，死后尸体逆江而上，一直漂流到成都。到成都后死而复生，见到蜀王杜宇，被立为相。杜宇号望帝，自以为德行不如鳖灵，就将蜀国禅让给他。

【译文】

拓跋诘汾与天女结合，生下北魏先祖；鳖灵受杜宇禅让，在蜀地称王。

不疑诬金①，卞和泣玉②。

【注释】

①不疑诬金：不疑，即直不疑，南阳（今河南南阳）人。为人忠厚，号称长者。据《汉书·直不疑传》，直不疑在汉文帝时做郎官。他同宿舍的郎官请假回家探亲，误拿走同宿舍另一个人的金子。金子的主人怀疑直不疑，直不疑向他道歉并承认了这件事，买金子偿还他。等到探亲的人回来把金子归还失主，丢失金子的郎官才知道误会了直不疑，大为惭愧。

②卞（biàn）和泣玉：卞和，春秋时楚国人。据《韩非子·和氏》，卞和在楚山得到一块璞玉，把它献给楚厉王。楚厉王找玉匠看了一下，说这是一块普通的石头。厉王认为卞和欺骗自己，于是砍掉他的左脚。同样的原因，卞和被楚武王砍掉右脚。楚文王即位后，卞和抱着那块石头在楚山脚下哭了三天三夜，泪水哭尽后双眼流血。后来楚文王命玉匠剖开那块石头，果然得到一块璧玉，雕刻后将其命名为"和氏璧"。

【译文】

直不疑被人误会偷金，他不做辩解；卞和献玉不被认可，在楚山下悲伤哭泣。

檀卿沐猴①，谢尚鸲鹆②。

【注释】

①檀（tán）卿沐猴：檀卿，指檀长卿，汉宣帝时任长信少府。据《汉书·盖宽饶传》，国丈平恩侯许伯乔迁新居，官员们都去祝贺。喝到酒酣耳热，音乐演奏起来，大家兴致高昂，檀长卿起身为大家跳舞助兴，模仿猴子与狗搏斗，满座大笑。司隶校尉盖宽饶弹劾檀长卿身为列卿而表演猕猴舞，有失身份。宣帝想治檀长卿的罪，经许伯为他谢罪才被饶恕。沐猴，猕猴。

②谢尚鸲鹆（qú yù）：谢尚，字仁祖，陈郡阳夏（今河南太康）人。东晋时期名士。不拘细行，多才艺，善音乐。据《晋书·谢尚列传》，谢尚到司徒府任职，投递名帖报到时，府上正有宴会。王导对谢尚说："听说你能跳鸲鹆舞，在座的宾客都想一睹为快，不知可否？"谢尚于是穿上衣帽就跳起舞来。王导令客人们用手打着拍子，谢尚在席中翩翩起舞，上下俯仰，旁若无人。谢尚率性到如此地步。鸲鹆，鸟名，此指一种晋代舞蹈，模仿鸲鹆鸟的动作。

【译文】

檀长卿酒醉跳猕猴舞与狗相斗，有失体统；谢尚在宾客面前跳鸲鹆舞，风流潇洒。

太初日月①，季野阳秋②。

【注释】

①太初日月：太初，指夏侯玄，字太初，沛国谯县（今安徽亳州）人。夏侯玄少年有名，二十岁时担任散骑黄门侍郎。据《世说新语·容止》，魏明帝让皇后的弟弟毛曾与夏侯玄共坐，当时人称"蒹葭倚玉树"。又说夏侯玄"朗朗如日月之入怀"。

②季野阳秋：季野，指褚裒（póu），字季野，河南阳翟（今河南禹州）人。娶谢鲲之女谢真石为妻，为康献皇后褚蒜子的父亲。据《晋

书·外戚列传·褚裒》,褚裒年少时就有高贵气质,与京兆人杜
乂俱有盛名,在晋朝中兴时冠绝一时。桓彝品评他说:"季野有皮
里阳秋。"说他口头上不评价人,但内心有褒贬。谢安说:"褚裒
虽不言,而态度如春夏秋冬四季的气象,冷热温凉全部包含。"阳
秋,即《春秋》,谓褒贬。

【译文】

夏侯太初容貌俊秀,光彩照人,如日月在怀;褚季野口头虽不评价人
物,但是内心有褒贬。

荀陈德星①,李郭仙舟②。

【注释】

① 荀(xún)陈德星:荀,指荀淑,字季和,颍川颍阴(今河南许昌)
人。以品行高洁著称。年少时即有高名,博学多识,有"神君"之
称。有八个儿子,号称八龙。他的孙子荀或是曹操部下著名谋士。
陈,指陈寔,字仲弓,颍川许县(今河南许昌)人。曾为太丘长,故
号陈太丘。荀淑与陈寔皆以清高有德行闻名于世。据《异苑》,
陈寔曾经带着自己的儿子、侄子们拜访荀淑,当时天空德星聚集
在一起。太史夜观天象,向皇上启奏说:"五百里内有贤人聚会,
所以德星为之聚集。"德星,岁星,旧谓主祥瑞的星。后比喻贤士。

② 李郭仙舟:李,指李膺,字元礼,颍川襄城(今河南襄城)人。个性
简约亢直,不愿与人结交,唯以同郡荀淑、陈寔为师友。郭,指郭
泰,字林宗,太原介休(今山西介休)人。以不愿就官府的征召而
名著于世,人称"有道先生"。据《后汉书·郭泰列传》,郭泰世
代贫贱,幼年丧父。母亲想让他到县衙里谋个职位,郭泰说:"大
丈夫怎么能做这种低贱的差事呢?"于是外出求学,三年学成,博
通经典。郭泰到洛阳云游,初见河南尹李膺,李膺大为惊奇,两人

成为好朋友,郭泰因此名震京师。郭泰回归乡里时,诸儒生一直把他送到黄河边,有车数千辆。郭泰与李膺同舟共渡,送行之人远远望去,觉得他们就像神仙一样。

【译文】

陈寔拜访荀淑,天空德星会聚;郭泰与李膺同舟共渡,远远望去犹如神仙。

王忳绣被①,张氏铜钩②。

【注释】

①王忳(tún)绣被:王忳,字少林,广汉新都(今四川新都)人。据《后汉书·独行列传·王忳》,王忳到京城办事,遇到一位病得奄奄一息的书生。书生说:"我已命悬一线,腰下有金十斤,愿赠送给你,希望死后你能把我的尸骨收葬。"刚说完就气绝身亡。王忳卖掉一斤金用于埋葬书生,剩下的金全部放在书生棺材下面,没有别人知道。几年后,王忳被委任为大度亭长,刚到任那天,有匹马奔跑到亭中,又有一阵大风吹来一床绣花被子。通过马和绣被,王忳找到那位书生的父亲,将书生的埋葬之地告诉了他。书生父亲不胜感激,王忳由此声名远扬。

②张氏铜钩:据《搜神记》,长安有一个姓张的人在屋中时,有一只鸠鸟飞来,落在案几前。张氏说:"鸠鸟,你从何而来?如果我有祸患,你就飞上天花板;如果你要给我带来福气,那么请飞到我怀里。"鸠鸟就飞到了张氏怀里。用手摸怀里,鸠鸟消失不见,只摸到一个铜钩。张氏就把铜钩随身佩戴,从此子孙昌盛,资财万倍。

【译文】

王忳救人积累阴德,得到上天赐给的绣被;张氏得到鸠鸟变的铜钩,从此兴旺发达。

丁公遽戮①,雍齿先侯②。

【注释】

①丁公遽(jù)戮(lù):丁公,即丁固,是季布的舅舅,为项羽帐下五大将之一。据《史记·季布栾布列传》,丁公为项羽带兵在彭城西围困刘邦。双方短兵相接,刘邦形势危急。在逃跑中,刘邦回头对丁公说:"咱们两个都是贤能之人,为何要如此苦苦相逼呢?"丁公便放过刘邦,引兵而还。等到项羽战败,丁公拜见刘邦。刘邦把丁公捆绑起来,放到军中示众,说:"丁公作为项羽的臣子,不忠诚于主人,使项羽失去了天下。"于是将丁公斩首,以儆效尤。遽戮,立即杀掉。遽,立即,赶快。

②雍(yōng)齿先侯:雍齿,沛县(今江苏沛县)人。曾为沛县豪强,势力很大,一向看不起刘邦,多次折辱他。后来雍齿归属赵国,又投降刘邦。据《史记·留侯世家》,高祖刘邦居住在洛阳南宫,从天桥上看到一些将领经常扎堆在一起聊天。高祖问张良,张良说:"陛下您从平民起家,靠这些人取得天下。现今您已登基为天子,而您所封赏的全是萧何、曹参这些和您关系亲密的人,诛杀的都是那些和您有仇怨的人。大家怕有功得不到封赏,又怕被怀疑有过失而遭杀戮,所以聚在一起想造反啊!"张良建议刘邦赶紧封赏最痛恨的雍齿,于是刘邦封其为什方侯。见雍齿都受到封赏,群臣都说:"雍齿都能被封为侯,我们更没什么担心的了。"

【译文】

丁固曾在战场释放刘邦,后来却被刘邦以此为由诛杀;刘邦为平息群臣顾虑,先封和自己有仇怨的雍齿为侯。

陈雷胶漆^①,范张鸡黍^②。

【注释】

①陈雷胶漆:陈,指陈重,字景公,豫章宜春(今江西南昌)人。少
年时与鄱阳雷义为友。雷,指雷义,字仲公,豫章鄱阳(今江西鄱
阳)人。据《后汉书·独行列传》,太守推举陈重为孝廉,陈重想
要把机会让给雷义,因太守不许才作罢。雷义第二年也被推举为
孝廉,二人同在郎署供职,后来都官拜尚书郎。雷义因代人受过
而被免官,陈重见雷义离职,也以生病为由辞去官职。雷义后来
被举荐为茂才,他让给陈重,刺史不同意,雷义就披头散发假装精
神不正常,不接受官府的任命。乡里的人说他们:"胶漆自谓坚,
不如雷与陈。"胶漆,胶和漆是黏性很强的物质,比喻关系密切,
情感深厚。

②范张鸡黍(shǔ):范,指范式,字巨卿,山阳金乡(今山东济宁)
人。年轻时在太学求学,与汝南张劭为好友。张,张劭,字元伯,
汝南(治今河南平舆)人。东汉时期名士。据《后汉书·独行列
传·范式》,范式、张劭二人在太学完成学业返乡。分别时,范式
对张劭说:"两年后我将到你家拜见你的父母,看望你的孩子。"
于是两人约好再次相见的具体日期后告别。两年后,约定的日期
将至,张劭请母亲准备酒菜招待范式。母亲说:"你们分别已经两
年,又远隔千里,之前约定的话,不必当真。"张劭说:"范巨卿言
必信,行必果,一定不会违约。"范式果然如期而至。鸡黍,以鸡
为菜,以黍为饭。这里指朋友相聚。

【译文】

陈重与雷义友情坚固,如胶似漆;范式和张劭信守诺言,千里赴约。

周侯山嶷^①,会稽霞举^②。

【注释】

①周侯山嶷（yí）：周侯，指周颙，字伯仁，汝南安成（今河南汝南）人。晋朝大臣、名士。王敦之乱时，惨遭杀害。据《世说新语·赞誉》，世人品评周侯说，他挺拔高峻，如孤山高高耸立。刘孝标注引《晋阳秋》说：“周颙表情端庄，一副崇高巍峨的样子，同辈之人，没有人敢接近狎昵。”嶷，高峻。

②会稽（kuài jī）霞举：会稽，指晋简文帝司马昱，即位前曾封会稽王。据《世说新语·容止》，晋废帝时，群臣早朝，天色尚早，殿堂一片昏暗。但会稽王一到，殿堂内犹如朝霞升起，光芒四射。

【译文】

周颙挺拔高峻，如孤山耸立；会稽王风采不凡，如朝霞升起。

季布一诺①，阮瞻三语②。

【注释】

①季布一诺：季布，楚人，曾效力于项羽。为人任侠，在楚地名望很高。据《史记·季布栾布列传》，起初，季布不喜欢辩士曹丘生。曹丘生到季布的府上拜见他，说：“楚人有谚语说：‘得黄金百，不如得季布诺。’您在梁国、楚国一带为什么有这么高的声望呢？因为我周游天下到处宣扬您，才使您名扬天下，况且我和您都是楚人，您为什么一定要这么坚定地拒绝我呢？”季布听后大为高兴，将曹丘生待为上宾。

②阮（ruǎn）瞻（zhān）三语：阮瞻，字千里，“竹林七贤”之一阮咸的儿子。清虚寡欲，自得于怀，善于弹琴。据《晋书·阮瞻列传》，阮瞻见司徒王戎，王戎问他：“圣人孔子贵名正言顺的礼义教化，老庄重逍遥无为的自然状态，他们的本质有什么异同呢？”阮瞻用三个字回答：“将无同。”意思就是二者在追求大道上，本质没有什么不

同。王戎嗟叹良久,下令征召他。当时人们称阮瞻为"三语掾"。

【译文】

得到季布的一个承诺,胜过得到百金;阮瞻用三个字评价儒道,就当上司徒王戎的掾官。

郭文游山①,袁宏泊渚②。

【注释】

①郭文游山:郭文,字文举,河内轵县(今河南济源)人。自幼喜爱山水,成年后更是崇尚避世隐居。每次游玩山林,十余日不愿归家。父母去世后,不娶妻成家,辞别家乡四处游历名山。据《晋书·隐逸列传·郭文》,洛阳陷落后,郭文就挑着担子步行进吴兴余杭大辟山,到山谷尽头无人之地,盖一间草棚容身。当时猛兽很多,经常伤人,而郭文独自在这里住了十余年也没有受到什么伤害。王导召郭文出仕,把他安置在果木成林、鸟兽成群的西园,郭文在园中,长达七年未曾出入。后来逃到临安山中,继续过结庐而居的生活。

②袁宏泊渚(zhǔ):袁宏,字彦伯,陈郡阳夏(今河南太康)人。才智超群,敏于应对。据《晋书·袁宏列传》,袁宏幼时家贫,曾受雇为人运送粮食,途中船只停靠在牛渚。当时征西将军谢尚镇守牛渚,与随从微服在长江上划船赏月。谢尚听到袁宏在船上吟诗,声调清雅,文辞华美。听了很久后,谢尚派人前来询问,并迎袁宏上船。二人促膝长谈,通宵达旦。得到谢尚的赏识后,袁宏名声远扬。渚,指牛渚山,为长江上的重要津渡,故址在今安徽马鞍山。

【译文】

郭文崇尚避世隐居,喜欢栖居山林;袁宏乘船停泊在牛渚,夜里吟诗得到谢尚赏识。

黄琬对日^①，秦宓论天^②。

【注释】

①黄琬对日：黄琬，字子琰，江夏安陆（今湖北安陆）人。汉献帝初期，黄琬任太尉，及迁都长安，被任命为司隶校尉，与司徒王允合谋诛杀董卓，最后被董卓手下李傕所害。据《后汉书·黄琬列传》，黄琬幼年丧父，从小聪慧，口才极佳。建和元年（147），正月发生了日食，京城洛阳看不见日食的情况。黄琼当时任魏郡太守，把日食情况报告朝廷。太后下诏问太阳食了多少，黄琼正不知道如何回答，黄琬当时七岁，在祖父身旁，说："为何不说日食后余下的太阳，宛如一弯新月？"黄琼大为惊讶，立刻用黄琬的话回答太后的询问。

②秦宓（mì）论天：秦宓，字子敕，广汉绵竹（今四川德阳）人。蜀汉前期谋臣，少有才学。据《三国志·蜀书·秦宓传》，东吴派遣张温访问蜀国，访问结束后，为张温饯行时，张温突然问秦宓："天有头吗？"秦宓回答："有，在西方。因为《诗经》中说'乃眷西顾'。"张温又问："天有耳朵吗？"秦宓回答："有，《史记》说天居于高处而能听到低处的声音，《诗经》中说'鹤鸣九皋，声闻于天'。"张温再问："天有脚吗？"秦宓回答："有，《诗经》中写道：'天步艰难，之子不犹。'没有脚哪来的步呢？"张温又问："天有姓吗？"秦宓回答："有。姓刘。"张温问："你怎么知道天姓刘？"秦宓回答："从当今天子姓刘可以得知。"张温问："太阳是从东方升起吗？"秦宓回答："虽然在东方升起，但在西方落下。"秦宓对答如流，张温大为敬服。

【译文】

黄琬七岁时就能帮祖父回答太后关于日食的询问，秦宓在酒宴上敏捷应对张温提出的各种关于天的问题。

孟轲养素^①,扬雄草玄^②。

【注释】

①孟轲养素:孟轲,即孟子,名轲,字子舆,邹国(今山东邹城)人。宣扬"仁政",与孔子并称"孔孟",被尊为"亚圣"。据《史记·孟子荀卿列传》,孟轲所处的时代,人们正热衷于合纵连横的谋略,以攻城略地、杀伐侵略为尚。而孟轲倡导的却是尧舜禹时代那种为政以德的思想,不被诸侯认可。孟轲就回到家乡和弟子们整理《诗经》《尚书》,阐述孔子的思想学说,写成《孟子》一书。孟轲曾说:"我善养吾浩然之气。"养素,修行道德,保持本性。

②扬雄草玄:扬雄,字子云,蜀郡成都(今四川成都)人。少好学,善辞赋,博览群书,不慕名利。据《汉书·扬雄传》,扬雄志向远大,不是圣哲之书不读,不是自己喜欢的事情不做。汉哀帝时,丁家、傅家、董贤等人掌权,附庸他们的人获利甚丰。扬雄起草《太玄》,表明自己的宁静淡泊之志。

【译文】

孟轲倡导仁义,修行道德以保持本性;扬雄起草《太玄》,表明自己清静淡泊的志向。

向秀闻笛^①,伯牙绝弦^②。

【注释】

①向秀闻笛:向秀,字子期,河内怀县(今河南武陟)人。聪明颖悟,有远见卓识,雅好老庄之学。据《晋书·向秀列传》,向秀与嵇康、吕安是好友,后来嵇、吕二人无辜被杀。有一次向秀路过嵇康的居所,不由感慨万千,又听闻邻居的笛声,心有所触而写下《思旧赋》,追忆过去的时光,表达对友人的思念。

②伯牙绝弦：据《列子·汤问》，俞伯牙擅长弹琴，锺子期善于辨音。俞伯牙鼓琴，志在高山。锺子期曰："善哉，峨峨兮若泰山！"志在流水，锺子期曰："善哉，洋洋兮若江河！"俞伯牙弹琴的时候想到什么，锺子期总能从琴声中准确地捕捉到。又据《吕氏春秋》，后来锺子期死了，伯牙感叹世上再无知音，于是扯断琴弦，终生不复弹琴。

【译文】

嵇康、吕安去世后，向秀听到笛声，怀念友人而写《思旧赋》；锺子期死后，伯牙扯断琴弦，终生不再弹琴。

郭槐自屈①，南康犹怜②。

【注释】

①郭槐自屈：郭槐，太原阳曲（今山西阳曲）人。郭配之女，贾充后妻，惠帝贾后之母。据《晋书·贾充列传》，贾充娶李丰女儿为妻，淑美有才行。李丰被司马师杀死后，李氏被流放，贾充又娶城阳太守郭配的女儿郭槐为妻。晋武帝登基后，李氏被赦罪，皇上特许贾充设置左右夫人。郭槐生性妒忌，为人跋扈，不容李氏。后来，惠帝为太子纳郭槐的女儿为妃。等到女儿做了妃子，郭槐排出很大的阵仗，隆重出行，去看望李氏。进门后，李氏出迎，才气斐然，郭槐不自觉地腿发软，连拜两次。自屈，委屈自己。这里指郭槐在李氏面前不自觉地屈服，不敢跋扈。

②南康犹怜：南康，指南康公主，东晋明帝之女，大将军桓温之妻。据《世说新语·贤媛》，桓温娶李氏为妾，为她另建住所，宠爱有加。南康公主知道后，带数十位婢女执刀前往，准备杀掉她。南康公主与众人到李氏住所，李氏正在梳头，长发垂地，姿容秀丽。李氏慢慢站起来，把头发绾好，双手收敛，对公主说："国破家亡，无心至此，今天如果被您杀死，倒是正好遂了我的心愿。"李氏气

定神闲,没有丝毫慌张,语气与神色凄怆哀婉,公主扔下刀说:"我见汝亦怜,何况老奴!"于是善待李氏。

【译文】

郭槐见到丈夫的前妻时,为她的才气折服,不自觉地屈身相拜;南康公主见到丈夫的小妾后,被她端庄秀丽的样子打动,顿生爱怜。

鲁恭驯雉①,宋均去兽②。

【注释】

①鲁恭驯雉(zhì):鲁恭,字仲康,扶风平陵(今陕西咸阳)人。汉章帝时官拜中牟令,只用道德教化来治理社会,不用刑罚。据《后汉书·鲁恭列传》,汉章帝时,各郡国发生螟虫灾,庄稼受损严重,但螟虫就是不进中牟境内。河南尹袁安不信,就派副官肥亲前去调查。到中牟后,中牟令鲁恭陪同肥亲巡视,见有野鸡在一个小孩子身边,肥亲问小孩子:"为什么不捉它?"孩子说:"它正在孵卵。"肥亲深有感触,恭敬地站起来和鲁恭告别,说:"我这次来您这里的目的,是要考察您的政绩。现在害虫不犯境,道德教化惠及鸟兽,小孩子有仁爱之心,这是你治下的三件奇事。"

②宋均去兽:宋均,字叔庠,南阳安众(今河南邓州)人。据《后汉书·宋均列传》,光武帝时,宋均任九江太守。九江郡有很多猛虎,伤人无数,成为民众祸患。宋均到任后,命令说:"江淮一带多有猛兽,犹如北方有鸡和猪。现在老虎为害百姓,过错在于官吏残暴。如果只是不断张网捕捉,不是解决问题的根本办法。斥退贪官污吏,提拔忠正良善之人,自然可以解除虎患。"宋均大力惩治腐败,传言后来老虎都渡过长江向东去了。

【译文】

鲁恭任中牟县令,以德治理,虫不犯境,化及鸟兽,幼子有仁心;宋均大力整治官场，斥退贪官污吏，提拔忠正良善之人，使虎患得以平息。

　　广客蛇影^①，殷师牛斗^②。

【注释】

①广客蛇影：广，指乐广，字彦辅，南阳淯阳（今河南南阳）人。西晋官吏。据《晋书·乐广列传》，乐广有个熟悉的客人，突然好长时间不再来访。乐广问原因，对方回答说："之前在您府上饮酒时，忽然看见杯中有一条蛇，喝完就生病了。"当时，墙上挂了一张角弓，乐广猜测杯中之蛇就是角弓的影子。乐广将客人请至家中，又倒一杯酒放在原先的位置，对客人说："杯中还能见到蛇吗？"客人说："还是有一条蛇。"乐广就给客人看墙上的角弓，客人疑虑打消，病就好了。

②殷（yīn）师牛斗：殷师，陈郡（治今河南淮阳）人。曾为晋陵太守，儿子殷仲堪至孝。据《晋书·殷仲堪列传》，殷师曾患有耳聪病，能听到床下蚂蚁爬动，以为是牛在打架。皇帝之前听说过这事，但不知道是谁。一次，皇帝问殷仲堪："你知不知道患耳聪病的人是谁？"殷仲堪泪流满面，站起来说："臣进退维谷，不知如何回答是好。"皇帝明白过来，觉得惭愧。

【译文】

　　乐广请客人喝酒，客人把酒杯中的弓影当成了一条蛇；殷师患有耳聪病，听到床下蚂蚁爬动以为是牛在打架。

　　元礼模楷^①，季彦领袖^②。

【注释】

①元礼模楷：元礼，指李膺，字元礼，颍川襄城（今河南襄城）人。性

格孤高清傲,不善交际,为官清廉,文人以受到他接待为荣耀,凡被他接待的,叫作登龙门。据《后汉书·党锢列传·李膺》,汉末党派之争中,太学生们以郭林宗、贾伟节为首,和李膺、陈蕃(字仲举)、王畅(字叔茂)结为党派。太学生称赞他们说:"天下模楷李元礼,不畏强御陈仲举,天下俊秀王叔茂。"

②季彦(yàn)领袖:季彦,指裴秀,字季彦,河东闻喜(今山西闻喜)人。据《晋书·裴秀列传》,裴秀自幼好学,有风度节操,八岁时就能写很好的文章。裴秀的叔父裴徽名气高,宾客多。裴秀年仅十岁时,拜访裴徽的人,辞别裴徽后都会再来看望裴秀。裴秀的生母身份卑贱,嫡母宣氏不以礼相待,曾让裴秀的母亲为客人端茶倒水,客人们见到后都会起立致敬。裴秀的母亲说:"我是一个卑贱之人,客人们这样尊重我都是因为我小儿子的缘故啊!"宣氏听说后,就不再这样做了。当时人们都说:"裴秀一定是后辈们的领袖。"

【译文】

在党人之争中,李膺能保持气节,是士人们的楷模;裴秀热爱学习,有风度节操,能成为后生晚辈们的领袖。

鲁褒钱神①,崔烈铜臭②。

【注释】

①鲁褒(bāo)钱神:鲁褒,字元道,南阳(今河南南阳)人。喜好读书,多闻多见,清贫寒素。据《晋书·隐逸列传·鲁褒》,晋惠帝元康年间之后,国家的伦理纲常败坏,鲁褒著《钱神论》以刺时弊。文章说:"人们对钱这个东西,喜欢得就像对待兄长,为它取名叫'孔方'。失之则贫弱,得之则富昌。钱无翼而能飞,无足而能走。能让严肃者眉开眼笑,也能让笨嘴拙舌之人雄辩滔滔。有钱者处处优先,贫穷者只能屈居人后。有了钱的庇佑,无往不利。

钱能让无德者被大家尊重,能让无权势的人变得炙手可热。现在的人呐,只知道钱啊!"

②崔烈铜臭(xiù):崔烈,涿郡安平(今河北安平)人。在幽州一带很有名气,曾为郡守、九卿。据《后汉书·崔骃列传》,汉灵帝时,开鸿都门,张榜公开卖官鬻爵,公卿以下的职位都有空缺,级别不同,价格不一。崔烈通过汉灵帝刘宏的傅母程夫人,花费五百万钱买得司徒一职。因为是买来的官,崔烈心里不安,曾问儿子崔钧:"我现在位居三公,别人怎么议论我?"崔钧说:"父亲大人您少年时就有英名,人们都说你确实应该身居三公之位。但是现在登上了三公之位,天下人对您却很失望。"崔烈问:"这是为什么呢?"崔钧说:"议论的人嫌你有铜臭味儿。"

【译文】

鲁褒写《钱神论》来讽刺伦理纲常败坏,人心不古;崔烈花钱购买三公的职位,难免铜臭。

梁竦庙食①,赵温雄飞②。

【注释】

①梁竦(sǒng)庙食:梁竦,字叔敬,安定乌氏(今甘肃平凉)人。东汉文学家、易学家。据《后汉书·梁竦列传》,梁竦闭门自修,以研读经典书籍为乐。撰写多篇文章,命名为《七序》。班固读后称赞说:"孔子著《春秋》而乱臣贼子惧,梁竦作《七序》而窃位素餐者惭。"梁竦自负其才,郁郁不得意。曾登高远望,叹息说:"大丈夫居世,生当封侯,死当庙食。"庙食,指死后被后人怀念,被供奉祭祀。

②赵温雄飞:赵温,字子柔,蜀郡成都(今四川成都)人。素有大志,为京兆郡丞。据《后汉书·赵典列传》,赵温曾经慨叹说:"大丈夫当雄飞,安能雌伏!"于是弃官回四川老家。正遇家乡闹饥荒,

慷慨发放家中积粮赈灾，救活万余人。献帝西迁时，官至三公。

雄飞，比喻奋发有为。

【译文】

梁竦愿生时封侯，死后受祭；赵温愿奋发有为，不甘屈居下位。

枚乘蒲轮①，郑均白衣②。

【注释】

①枚乘蒲轮：枚乘，字叔，淮阴（今江苏淮安）人。西汉辞赋家。据《汉书·枚乘传》，枚乘为吴王刘濞郎中。吴王起初怨恨朝廷而欲行谋反，枚乘上书劝谏吴王。吴王不为所动，执意叛乱，终被诛杀。枚乘也因此事而知名。汉武帝即位后，因为对枚乘早有耳闻，以安车蒲轮征召枚乘。但是枚乘因为年迈，死在应征的路上。蒲轮，用蒲草将车轮缠绕，这样行走时震动较小。用于迎接贤士，以示礼敬。

②郑均白衣：郑均，字仲虞，东平任城（今山东济宁）人。年轻时爱好黄老之书。据《后汉书·郑均列传》，郑均能进谏忠言，被肃宗器重。告老还乡后，皇帝东巡时驾临郑均家，赐给他尚书级别的俸禄，直到去世。当时人们称郑均为"白衣尚书"。白衣，是古代平民的服饰。这里指郑均告老还乡后虽然已为平民，但皇帝却赐给他尚书级别的待遇。

【译文】

枚乘被汉武帝器重，征召他时将大车的车轮缠上蒲草以防颠簸；郑均告老还乡，依然被皇帝赐予尚书待遇。

陵母伏剑①，轲亲断机②。

【注释】

①陵母伏剑：陵，指王陵，沛县（今江苏沛县）人。早年被刘邦以兄礼相待。据《汉书·王陵传》，刘邦反秦时，王陵亦聚众数千人揭竿而起。到刘邦与项羽争霸之时，王陵率众归附刘邦。项羽把王陵的母亲捉到军中，王陵派使者来看望母亲。项羽安排王陵的母亲面向东而坐表示尊重，以招降王陵。王陵母亲哭着告诉使者："请你替我为王陵传话：好好事奉汉王。汉王是忠厚长者，终将拥有天下，不要因为我而生二心。请你回去吧，我将以死相送。"于是拔剑自刭而死。

②轲亲断机：轲，指孟子，名轲。据《列女传》，孟子小时候放学后回家，孟母问他学得怎么样，孟子不在乎地说："还是那样！"孟母见他无所谓的样子，很生气，于是操起刀割断正在织的布，说："你荒废学业，就像我现在把辛苦织成的布割断一样。现在不学习，就不免于做卑贱的劳役，而且难以避祸。"孟子受到了启发，从此旦夕勤学不息，终成亚圣。

【译文】

为了让王陵安心追随刘邦，王陵的母亲甘心伏剑自刭；为了让孟轲努力学习，孟母切断自己辛苦织成的布匹。

齐后破环①，谢女解围②。

【注释】

①齐后破环：齐后，指齐襄王后。据《战国策·齐策》，齐闵王遇弑后，他的儿子法章变换姓名，躲在莒地太史敫（jiǎo）家做佣人。太史敫的女儿看法章相貌与众不同，认为他不是普通人，与他私通还偷偷地送给衣食。后来法章被拥立为齐王，即齐襄王，立太史敫的女儿为王后，生子建。齐襄王死后，子建继立为齐王。秦

王曾派使者送来一副玉连环,说:"都说齐国人有聪明才智,能解开这副玉连环吗?"王后给群臣看,大家都不知如何解开。王后操起一把大锤子,将玉连环击破,对秦国使者说:"解开了!"

②谢女解围:谢女,指晋王凝之妻谢氏,字道韫,东晋女诗人,聪识有才辩。据《晋书·列女列传·王凝之妻谢氏》,王献之是王凝之的弟弟,他曾与宾客谈天,被对方说得理屈词穷。谢道韫派婢女跟王献之说:"欲为小郎解围。"于是用青绫步障挡住自己,帮王献之阐述前面的话题,客人没有人能说得过她。

【译文】

齐襄王后勇气可嘉,击破玉连环以解难题;谢道韫学问高深,能为小叔子王献之解困。

凿齿尺牍①,荀勖音律②。

【注释】

①凿齿尺牍(dú):凿齿,指习凿齿,字彦威,襄阳(今湖北襄阳)人。家族世代为乡里豪门。习凿齿少年即有大志,博学多闻,以文笔著称。据《晋书·习凿齿列传》,习凿齿善写公文,甚得桓温器重。后来因为忤逆桓温,而被外迁为荥阳太守。当时桓温觊觎帝位,于是习凿齿撰写《汉晋春秋》来制止他。文章从汉光武帝写起,一直写到晋愍帝,表明天意不可靠势力来强迫。尺牍,指古人用于书写的书简,代指信札,书信。

②荀勖(xù)音律:荀勖,字公曾,颍川颍阴(今河南许昌)人。生前封济北公,后人称之为"荀济北"。又因为善识音律,号称"暗解"。据《晋书·荀勖列传》,荀勖掌管礼乐之事,又负责修订音律。起初,荀勖在道路上听到赵国商人的牛铃声,记住了声音。等到掌管礼乐,见所用的音韵都不和谐,就说:"如果能想办法找

到赵国的牛铃就和谐了。"于是下令让各郡国都送上牛铃,果然
找到音韵和谐的牛铃,调好了音律。

【译文】

习凿齿善于文辞,写文劝桓温不可叛乱;荀勖善识音律,根据赵国的
牛铃调好音律。

胡威推缣①,陆绩怀橘②。

【注释】

① 胡威推缣(jiān):胡威,字伯虎,淮南寿春(今安徽寿县)人。父
亲胡质以忠诚清廉著称。据《晋书·良吏列传·胡威》,胡质在
荆州做官,胡威从京都去荆州探望父亲,因为家贫,一路自己赶
车。见到父亲后,在牲口棚中住了十余天。临别,父亲送给胡威
一匹绢布。胡威推辞,问:"父亲一向清廉,这匹绢布是哪儿来的
呢?"胡质回答说:"是我从俸禄中节俭出来的钱所买。"入朝后,
晋武帝曾问胡威:"你和你父亲谁更清廉?"胡威说自己不如父亲
清廉,因为:"臣父清恐人知,臣清恐人不知,是臣不及远也!"缣,
细绢。

② 陆绩怀橘:陆绩,字公纪,吴郡吴县(今江苏苏州)人。博学多识,
正道直行。据《三国志·吴书·陆绩传》,陆绩六岁那年,在九江
见袁术。袁术端出橘子招待陆绩,陆绩悄悄藏在怀里三个。告别
时,一行礼,橘子不小心滚落在地。袁术说:"陆郎你到人家做客,
还要把橘子藏在怀里吗?"陆绩跪在地上说:"想带几个回家,让
母亲尝尝。"袁术大为惊奇。

【译文】

胡威清高廉洁,推辞父亲赠予的绢布;陆绩六岁懂孝道,怀藏橘子带
给母亲尝鲜。

罗含吞鸟①,江淹梦笔②。

【注释】

①罗含吞鸟:罗含,字君章,桂阳耒阳(今湖南耒阳)人。父母早丧,被婶婶朱氏抚养长大。据《晋书·文苑列传·罗含》,罗含少年即有大志,曾经在白天睡觉,梦见一只色彩斑斓的鸟飞进口中。惊醒后,罗含把这个梦告诉朱氏,朱氏说:"鸟有文彩,汝后必有文章。"自此以后,罗含的词藻和文思日益进步。江夏太守谢尚称赞罗含说:"罗君章可谓是湘中一带的美玉。"

②江淹梦笔:江淹,字文通,济阳考城(今河南兰考)人。六岁能文。据《南史·江淹列传》,江淹曾为宣城太守,罢职归乡,梦见一人,自称张景阳,对江淹说:"前以一匹锦相寄,今可见还!"江淹往怀中一摸,竟然真的摸到几尺锦,于是还给他。江淹又曾梦到一个男子,自称是西晋郭璞,对他说:"吾有笔在卿处多年,可以见还。"江淹就从怀里掏出来一支五色笔还给郭璞。从此写诗,再无佳句,当时人们都说他是文思枯竭,江郎才尽。

【译文】

罗含梦见一只色彩斑斓的鸟飞到自己嘴里,从此词藻和文思日益进步;江淹梦见郭璞讨要五色笔,从此文思枯竭。

李廞清贞①,刘骥高率②。

【注释】

①李廞(xīn)清贞:据《世说新语·栖逸》,李廞是西晋大臣李重的第五个儿子,清贞有远操。小时候体弱多病,长大后不愿结婚,也不肯做官。丞相王导以礼相待,欲征召李廞为府掾。李廞手拿征召文书,笑着说:"王导竟然拿一个官职送给我!"清贞,清白

坚贞。

②刘驎（lín）高率：刘驎，即刘驎之，字子骥，南阳（今河南南阳）人。从小崇尚质朴，谦让寡欲，不修饰仪表行为。据《世说新语·栖逸》，刘驎之为人高率，熟悉历史，隐居乡村。桓冲请他担任长史，刘驎之不接受任命，将桓冲所送的礼物都给了穷苦人。刘驎之在阳岐村居住了很多年，常与村民共享衣食。高率，高尚率真。

【译文】

李廞清白坚贞，无意做官；刘驎高尚率真，志在隐逸。

蒋诩三径①，许由一瓢②。

【注释】

①蒋诩（xǔ）三径：蒋诩，字元卿，杜陵（今陕西西安）人。官至兖州刺史，以廉直闻名。王莽摄政后，蒋诩称病免官，回归乡里。据《三辅决录》，蒋诩辞官还家，不与人交往，荆棘塞门。家中竹林下有三条小路，只有故人求仲、羊仲出入，他们都是厌弃名利、高蹈遁世之人。后人以"三径"代指隐士所居。

②许由一瓢（piáo）：许由，传说中的隐士。据《琴操》，许由隐居箕山，没有杯子，渴了用手捧水喝。有人送给他一个水瓢，以便他盛水。许由喝完水，把水瓢挂在树上。风吹水瓢发出声音，许由听到后觉得心烦，就把它扔掉了。后人遂用"一瓢挂树""挂瓢""许由瓢"等指代高士隐逸傲世的生活。

【译文】

蒋诩庭院中留出三条小径，仅和志同道合者来往；许由隐居箕山，不为物累，纵然一瓢，犹嫌多余。

杨仆移关①，杜预建桥②。

【注释】

①杨仆移关：杨仆，宜阳（今河南宜阳）人。汉武帝时为楼船将军。据《汉书·武帝纪》应劭注，起初，函谷关在弘农，杨仆因为有功受赏，但是汉武帝把关中的土地全部分封给了其他功臣，于是让杨仆在函谷关以东做侯，仅得关外侯封赏。杨仆耻为关外民，上书汉武帝，要求将函谷关东移，并用自己的家财资助。于是函谷关被东移三百里，至新安县境，称为新关，旧关被改置为弘农县。

②杜预建桥：杜预，字元凯，京兆杜陵（今陕西西安）人。西晋政治家、军事家和学者。娶文帝妹高陆公主为妻，官拜尚书郎。博学多通，深谙国家兴亡之道。据《晋书·杜预列传》，晋武帝时，杜预官拜度支尚书。因为孟津渡口危险，往来船只有覆没之患，杜预请求在富平津渡口修建桥梁。有人反对说，这个地方是商朝和周朝建都的地方，历代圣贤都没有在这里建桥，肯定有不能修建的原因。杜预说："《诗经·大雅·大明》'造舟为梁'，说的就是建桥的事情。"等把桥建成，晋武帝在百官的陪同下来视察，举杯赞誉杜预说："非君，此桥不立也。"

【译文】

杨仆不愿做关外侯，上书皇帝将函谷关东移三百里；杜预依古训力排众议，在富平津渡口修建桥梁。

寿王议鼎①，杜林驳尧②。

【注释】

①寿王议鼎：寿王，指吾丘寿王，字子赣，赵国（治今河北邯郸）人。因善于下棋而被召为待诏。聪明好学，跟随董仲舒学习《春秋》。据《汉书·吾丘寿王传》，寿王为光禄大夫时，在汾阴得到一个宝鼎，把它献给朝廷。武帝把它看作是祥瑞的象征，珍藏在甘泉宫。

群臣皆贺武帝得周鼎。吾丘寿王说："上天回报周朝美德,宝鼎为周朝出现,故名曰周鼎。汉高祖继承周朝的传统,传到陛下您这里,祖上基业被发扬光大,进德修业,上天降下祥瑞,以保佑有德行之人,从而有宝鼎出现。这是上天单独赐给汉朝的宝鼎,所以应该叫汉鼎,而不是周鼎啊!"武帝说:"很好。"赐给吾丘寿王黄金十斤。

②杜林驳尧:杜林,字伯山,扶风茂陵(今陕西兴平)人。据《后汉书·杜林列传》,朝廷讨论郊祀制,多数人认为周朝郊祀后稷,汉朝应当郊祀尧。大家意见一致,光武帝刘秀也认同。唯独杜林认为周朝的兴盛是从后稷开始,而汉朝兴起,功不在于尧。祖宗往事,应该有所继承。朝廷最后采纳了杜林的建议。

【译文】

吾丘寿王强调汉朝的祥瑞宝鼎应叫汉鼎,杜林坚持汉朝郊祀不应当祭祀尧。

西施捧心①,孙寿折腰②。

【注释】

①西施捧心:西施,春秋越国女子,有绝世之美。越王勾践将其献与吴王夫差,深受夫差宠溺,最后吴国灭亡。据《庄子·天运》,西施因为心口疼,常手捂胸口眉头紧皱。邻里丑女觉得好看,学西施的样子,捧心皱眉。结果人们受到惊吓,避而远之。

②孙寿折腰:孙寿,梁冀之妻。梁冀为辅政大将军,梁氏一族左右国政。据《后汉书·梁冀列传》,梁冀为大将军,其妻孙寿封襄城君,加赐红丝带,服饰与长公主相同。孙寿貌美,善作媚态,眉毛描得像充满哀愁,妆容化得像刚刚哭过,发髻扎得斜向一侧,走路时作"折腰步",摇摆腰姿,笑的时候就像牙痛一样,用这种方法

来媚惑别人。孙寿生性嫉妒,能控制梁冀,梁冀对她又爱又怕。
后来梁冀被处死,孙寿自杀而亡。

【译文】

西施因为有心脏病,常常手捂胸口;孙寿为了媚惑别人,走路时腰姿
摇摆。

灵辄倒戈①,魏颗结草②。

【注释】

①灵辄(zhé)倒戈(gē):灵辄,春秋时晋国人,曾受赵宣子恩惠,
后倒戈相救。赵宣子,即赵盾,谥号"宣"。晋国卿大夫。据《左
传·宣公二年》,晋灵公荒淫无道,赵宣子多次进谏,晋灵公视其
为祸患。灵公请赵宣子喝酒,暗伏甲兵,要伏击赵宣子。起初,赵
宣子到首阳山打猎,休息时见一个叫灵辄的人饿得奄奄一息。赵
宣子送一些食物给他,灵辄吃掉一半,把剩下的一半收起来,说:
"出来给人当奴仆已经三年了,不知道家中老母是否还健在。现
在离家很近了,请允许我把这些饭带给母亲。"赵宣子让灵辄把
饭全部吃掉,又单独为他母亲准备食物和肉。灵辄后来做了卫灵
公的甲士,这次伏击赵宣子时,灵辄倒戈抵御卫灵公的伏兵,赵宣
子免于一死。倒戈,掉转武器向己方攻击。

②魏颗结草:魏颗,春秋时晋国大夫,魏武子之子。据《左传·宣公
十五年》,魏武子生病,清醒时告诉魏颗将自己的爱妾改嫁,病重
时又说将她殉葬。魏武子去世后,魏颗认为父亲后面的话是糊涂
话,于是将其爱妾改嫁。后来在晋国与秦国的辅氏之战中,魏颗
与秦国大力士杜回对阵,魏颗败走。一个老人用草编的绳子绊倒
了杜回的马匹,魏颗得以反败为胜。夜里梦见老人对魏颗说:"我
是那个小妾的父亲,感谢你遵从你父亲清醒时的遗命让我女儿改

嫁,所以我用草绳救你一命作为报答。"

【译文】

灵辄快饿死时被赵宣子相救,后来他临阵倒戈,救了赵宣子的性命;魏颗让父亲的宠妾改嫁,放了她一条生路,宠妾的父亲用草绳救魏颗一命来报答。

逸少倾写①,平子绝倒②。

【注释】

①逸(yì)少倾写:逸少,指王羲之,字逸少,琅邪临沂(今山东临沂)人。有"书圣"之称。据《世说新语·贤媛》,郗鉴的女儿嫁与王羲之为妻,一天,她对弟弟郗愔和郗昙说:"王家人见到谢安、谢万兄弟来访,倾尽所有来招待他们,而你们来的时候,王家只是平平淡淡、简简单单地招待。麻烦你们以后就别再去了。"倾写,指倾箱倒柜,比喻倾尽所有招待贵客。写,同"泻"。

②平子绝倒:平子,指王澄,字平子。任放通达,有名于世。据《晋书·卫玠列传》,卫玠风神秀异,喜欢清谈玄学,但他体弱多病,母亲常常禁止他说话,以免劳累。遇到好日子,亲朋好友请他说几句,无不赞叹佩服,认为说得细致入微。当时王澄名声很高,很少有人能让他佩服。但每次听到卫玠的言论,王澄就叹息倾倒。人们都说:"卫玠谈道,平子倾倒。"绝倒,佩服,倾倒。

【译文】

王羲之招待自己尊重的谢家兄弟,总是倾尽所有;王澄听到卫玠的言论,每每叹服倾倒。

澹台毁璧①,子罕辞宝②。

【注释】

①澹（tán）台毁璧：澹台，即澹台灭明，字子羽，鲁国武城（今山东临沂）人。孔子弟子，相貌丑陋，但德行高尚。据《博物志·异闻》，澹台子羽过黄河，随身带有千金之璧。舟至河心，河伯垂涎玉璧，掀起巨浪，并派两条蛟龙夹击船只。子羽左手持璧，右手操剑，斩杀蛟龙。等过了河，子羽将璧玉投于黄河，以示并非舍不得璧玉而是不屈于淫威。河神不敢接受，跃出水面归还璧玉。反复多次后，子羽摔碎璧玉掉头而去。

②子罕辞宝：子罕，春秋时期宋国人。担任司城，主管建筑工程、制造车服器械等，又称司城子罕。据《左传·襄公十五年》，有个宋国人得到一块宝玉，就把它献给司城子罕。子罕不肯接受，献玉者说："给玉匠看过了，玉匠说这是一块宝玉，才敢献给您。"子罕说："我以不贪为宝，尔以玉为宝，若以与我，皆丧宝也，不如人有其宝。"

【译文】

澹台子羽携千金之璧过黄河，不屈服于河神的威胁，拒不交出自己的璧玉，过河后送给河神，被拒后毁掉璧玉而去；子罕视廉洁为珍宝，拒绝别人送来的宝玉。

东平为善①，司马称好②。

【注释】

①东平为善：东平，指东平宪王刘苍，东汉光武帝刘秀之子，汉明帝刘庄同母弟，母为光烈皇后阴丽华。刘苍从小喜欢经书，文雅多智。据《后汉书·东平宪王苍列传》，刘苍官拜骠骑将军，位居三公之上。到京师朝拜时，汉明帝问刘苍："你在家做什么事情最快乐？"刘苍说："为善最乐。"

②司马称好：司马，指司马徽，字德操，颖川阳翟（今河南禹州）人。东汉末年著名隐士，曾向刘备推荐诸葛亮、庞统等人。据《世说新语·言语》刘孝标注引《司马徽别传》，司马徽在荆州时，担心被荆州牧刘表谋害，所以从来不谈论事情。有人向他请教，他都说好。他的妻子说："人家跟你请教事情，你应该细细分辨。现在你遇见什么事情都说好，这可不是人家向你请教的本意。"司马徽说："你说得太好了！"

【译文】

东平宪王刘苍告诉皇帝，做善事是最快乐的事情；司马徽和别人说话，通通说"好"。

公超雾市①，鲁般云梯②。

【注释】

①公超雾市：公超，指张楷，字公超，蜀郡成都（今四川成都）人。据《后汉书·张楷列传》，张楷精通《春秋》《尚书》，门徒上百人。人们登门拜访，车马挤满街道，门徒仆从甚至没有下脚站立的地方。黄门及贵戚之家，在街边搭房子，赚过往客人的钱。张楷不喜欢这样，于是搬家躲避。隐居在弘农山时，又有人追随而来，居住的地方又成为集市。张楷喜好道术，能够在五里范围内施法产生大雾。

②鲁般云梯：鲁般，指公输般，鲁国人，故称鲁般。古代著名工匠，被尊为木匠之祖师。据《淮南子·修务训》，楚国要进攻宋国，墨子知道后，从鲁国出发，急行十天十夜，觐见楚王，说："您如果坚持要进攻宋国，就一定会伤害道义，同时也得不到宋国。"楚王说："公输般给我设计了一个叫云梯的攻城器械，用它来攻打宋国，一定能够取胜。"墨子说："我们先演练一下，让公输般攻城，我来守

卫。"公输般攻了九次,都被墨子成功防御,无法攻入宋城。于是双方罢兵,楚王也放弃了攻打宋国的打算。

【译文】

张楷喜好道术,能施法生成五里迷雾,追随者形成集市;鲁般设计出攻城的云梯,楚国欲以之攻宋,被墨子劝阻。

田单火牛①,江逌爇鸡②。

【注释】

①田单火牛:田单,临淄(今山东淄博)人。战国时期齐国名将。据《史记·田单列传》,燕国大将乐毅领兵攻齐,齐国城池几乎全部陷落。田单在即墨抗拒燕军,在城中收集到一千多头牛,给它们披上红色绸布做的衣服,牛衣上画着五颜六色的蛟龙图案,牛角绑上锋利的兵刃,将浸透油脂的芦苇绑在牛尾上。深夜,把城墙凿出几十个窟窿,点燃芦苇,把牛放出,再安排五千壮士跟在牛后。即墨城中又大声鼓噪,老弱者击打铜器,声音惊天动地,燕军大败,齐国把七十多座被燕国占领的城池全部收回。

②江逌(yōu)爇(ruò)鸡:江逌,字道载,陈留圉县(今河南杞县)人。据《晋书·江逌列传》,中军将军殷浩北伐,请江逌担任咨议参军,又迁任长史。当时羌人及丁零反叛,殷浩命江逌攻打叛将姚襄,江逌对部下将校说:"现在我们的士兵精练,只是人数少于羌。而且他们深沟高垒,防御坚固,不能力夺,需要智取。"于是找来数百只鸡,用长绳把它们绑缚在一起,在鸡腿上绑上火把,群鸡惊散,飞到姚襄营中,营中火起,再趁着羌兵混乱进攻,姚襄大败。爇,用火烧。

【译文】

田单用火牛阵冲击敌营,大败燕军;江逌用火鸡引燃敌营,战胜姚襄。

蔡裔殒盗^①，张辽止啼^②。

【注释】

①蔡裔（yì）殒（yǔn）盗：蔡裔，字元子，陈留圉城（今河南杞县）人。历仕散骑常侍、兖州刺史，封高阳乡侯。据《晋书·蔡裔列传》，蔡裔有勇气，声若雷震。曾有两个小偷到蔡裔家行窃，被他发现。蔡裔用手拍床，大吼一声，小偷当场气绝身亡。殒，死亡。

②张辽止啼：张辽，字文远，雁门马邑（今山西朔州）人。武力过人，屡立战功，累迁前将军。据《太平御览》引《魏略》，在合肥之战中，张辽带领八百将士，破东吴十万大军，差点活捉孙权。张辽由此威震江东，如果江东小孩子哭闹不停，他们的父母就会吓唬孩子说："张辽来了，张辽来了！"孩子没有敢再哭的。

【译文】

蔡裔声若惊雷，一声怒吼吓死小偷；张辽威震江东，吓得孩子不敢啼哭。

陈平多辙^①，李广成蹊^②。

【注释】

①陈平多辙（zhé）：陈平，阳武户牖（今河南兰考）人。西汉开国功臣。年轻时家境贫寒，爱好读书，学习黄老之术。据《汉书·陈平传》，陈平高大魁梧，相貌堂堂。乡里富人张负的孙女，嫁了五次，丈夫都死了，陈平却想娶她。张负到陈平家，发现陈平家在城墙边的一个偏僻巷子里，家里穷得以席为门，然而门外有很多德高望重者留下的车辙印。张负说："像陈平这么英俊的人，怎么可能一直穷下去呢？"于是将孙女嫁给陈平。

②李广成蹊（xī）：李广，陇西成纪（今甘肃静宁）人。世代学习射

箭。匈奴号曰"汉飞将军",因为害怕李广,多年不敢犯边。据《汉书·李广传》,元狩四年(前119),李广跟从大将军卫青北击匈奴,因为迷路未能参战。李广对部下说:"我李广从年轻时与匈奴作战,大大小小经历七十余战,偏偏在这次战役中迷失道路,这难道不是天意吗?"于是自杀。班固评价李广说:"他死之后,天下人都为他流泪。说明李广对人是诚于心、形于外的。可以用'桃李不言,下自成蹊'这句话来比喻李广的品格。"

【译文】

陈平虽然贫穷,但是门前留有很多德高望重者来访后留下的车辙印,由此可以判断他未来必能成就一番大事业;李广待人真诚忠厚,虽然不会自我夸耀,但人们追随他就像赏花的人能把树下踩出一条小路一样。

陈遵投辖①,山简倒载②。

【注释】

①陈遵投辖(xiá):陈遵,字孟公,杜陵(今陕西西安)人。曾为京兆史,言行放纵,不拘小节。后来担任校尉,平叛乱贼有功,封嘉威侯。据《汉书·游侠传·陈遵》,陈遵嗜好饮酒,每次大摆宴席,宾客满堂之后,就把大门关上,把客人车上的销钉投到井中,这样就算客人有急事,也没办法离开,只得留下继续饮酒。辖,销钉。用以固定车轮与车轴位置,车辆没有销钉则不能行走。

②山简倒载:山简,字季伦,河内怀县(今河南武陟)人。温润典雅,有父亲山涛的风范。据《晋书·山简列传》,山简任征南将军,镇守襄阳。当时贼寇四起,天下分崩离析,朝廷内外人心惶恐。山简却一年到头悠游自在,沉湎于饮酒。习氏是荆地豪门,家里园林池塘优美。山简每次出游,总是去习家的园林水池,置酒痛饮,不醉不归,为水池起名叫高阳池。高阳,代指酒徒。有儿童唱歌

道:"山公出何许? 往至高阳池。日夕倒载归,茗艼无所知……"
倒载,被马车头下脚上地拉着。

【译文】

陈遵待客热情,为了留客人饮酒,把马车的销钉扔到井里;山简嗜酒,喝到天黑,大醉后倒躺在车上被拉回家。

渊客泣珠①,交甫解佩②。

【注释】

①渊客泣珠:旧注引《博物志》,南海有鲛人,居住在海底的房子里。后来鲛人上岸,寄住在农户家里,每天织鲛绡到集市上售卖。临走时,向主人要一个容器,鲛人对着它哭泣,眼泪变成珍珠,装满后送给主人以表谢意。渊客,来自深渊的客人,即鲛人。

②交甫解佩:据《列仙传》,有两位神女穿着华丽的服装,佩戴两颗大如鸡蛋的夜明珠,在长江、汉水岸边嬉戏游玩。郑交甫和她俩搭讪说:"我实在是仰慕你们,希望能把你们佩戴的夜明珠留下做个纪念。"二女解下夜明珠送给郑交甫,郑交甫收到后赶紧珍爱地放在怀里。走了几十步,发现明珠不翼而飞,再回头看两个女子,也无影无踪。

【译文】

南海海底的鲛人哭泣时,眼泪能变成珍珠;郑交甫仰慕仙人,请求仙人解下佩带的明珠送给自己。

龚胜不屈①,孙宝自劾②。

【注释】

①龚(gōng)胜不屈:龚胜,字君宾,彭城(今江苏徐州)人。汉哀帝

时，龚胜为光禄大夫。据《汉书·龚胜传》，王莽篡位后，派使者拿着加盖玉玺印章的诏书、太子师友祭酒的绶带，安车驷马，与郡太守、县长吏、官属、诸生等一千多人，一起到龚胜乡里传达诏令，请他出仕。龚胜百般推脱不得，说："我受汉家恩厚，无以为报。现在年纪大了，随时都会死去，怎么可以事奉二姓君主，那样我死后在地下怎么见故主呢？"说完，不再开口饮食，于十四天后死去。

②孙宝自劾（hé）：孙宝，字子严，颍川鄢陵（今河南鄢陵）人。因为通晓经书被委任为郡吏。据《汉书·孙宝传》，御史大夫张忠征召孙宝为属官，想让他来教授自己儿子学习经书。孙宝检举自己而离职，说："御史大夫的儿子想要学习经传，竟然让我搬到他附近去住。礼有来学，义无往教。只有到老师这里求学的，没听说过让老师前去教导的，师道不可委屈。"张忠听了很惭愧，给皇帝上书推荐孙宝。自劾，检举自己的过失。

【译文】

龚胜不向乱臣贼子屈服，不接受王莽授予的官职；孙宝为了维护师道尊严，坚决离职而去。

吕安题凤①，子猷寻戴②。

【注释】

①吕安题凤：吕安，字仲悌，东平（今山东东平）人。魏晋时名士。恃才傲物，蔑视礼法，有济世念。据《世说新语·简傲》，嵇康与吕安相友善，吕安只要思念嵇康，都会千里驾车前去看望。一次，吕安登门拜访，恰遇嵇康外出未归，嵇康的哥哥嵇喜接待他并请他到家里，吕安不进去，在门上写了个"凤"字就走了。嵇喜不明白吕安用意，以为是夸奖自己。"凤"字的繁体写作"鳳"，由"凡""鳥"二字组成。吕安这是对嵇喜的轻蔑，嘲讽他像凡鸟一

样平庸。

②子猷（yóu）寻戴：子猷，指王徽之，字子猷，右军将军王羲之第五子。卓越不凡，个性自由，不受羁绊。据《晋书·王徽之列传》，王徽之曾居住在山阴县，一天夜里下大雪，雪停后天空转晴，皓月当空。王徽之独自饮酒，吟诵左思《招隐诗》，忽然怀念戴逵。当时戴逵在剡地，王徽之就连夜乘小船前去拜访。经宿方至，到门口却直接返回。有人问为什么不进家门，王徽之说："我本乘兴而来，现在兴尽而返，何必见他呢？"

【译文】

吕安拜访嵇康不遇，不接受嵇喜的接待，在门上写"凤"字以示对嵇喜的蔑视；王徽之雪夜探望朋友戴逵，经宿方至，却到而不访。

董宣强项①，翟璜直言②。

【注释】

①董宣强项：董宣，字少平，陈留圉县（今河南杞县）人。不畏强权，人送称号"卧虎"。据《后汉书·酷吏列传·董宣》，汉光武帝刘秀时，董宣为洛阳令。当时湖阳公主的奴仆大白天杀人，躲在公主家，公主外出时，又会让这个奴仆陪乘。董宣在半道拦住公主车驾，将这个奴仆当场格杀。公主将事情哭诉至光武帝面前，光武帝很生气，想杀掉董宣。董宣说："陛下圣德，却纵奴杀良人，将来还怎么治理天下！请让臣自杀。"以头撞柱，血流满面。为息事宁人，光武帝让董宣向公主道歉，董宣不肯道歉，宦官按住董宣，强行让他叩头。董宣两手撑地，就是不肯低头，被光武帝称为强项令。强项，硬脖子。

②翟璜（huáng）直言：翟璜，战国时魏国大臣。据《新序》，魏文侯问士大夫们说："请大家评价一下，我是一个什么样的君主？"群

臣都说："您是一位有仁德的君主。"到了翟璜，他说："您不是一
位有仁德的君主。您讨伐中山国，攻取后不封给弟弟，而是封给
长子。"魏文侯大怒，将翟璜赶出门外。文侯又问任座同样的问
题，任座说："我听说君主有仁德，臣子就会正直。刚才翟璜的话
非常正直，所以我知道您是一位仁君。"魏文侯说："好啊！"于是
又把翟璜召进来，拜他为上卿。

【译文】

董宣秉公执法，被称为硬脖子县令；翟璜敢于直言，直指皇帝的缺点。

纪昌贯虱①，养由号猿②。

【注释】

①纪昌贯虱（shī）：据《列子·汤问》，纪昌跟着飞卫学射箭，飞卫
说："你先要练习视力，做到视小如大，视微如著。"纪昌就用牛毛
系住一只虱子，将它挂在窗前，每天对着它看。十几天后，纪昌觉
得那虱子渐渐大了起来，三年之后，在纪昌眼中就像车轮一般大
小，再看别的东西，都像一座小山那么大。一箭射去，正中虱子的
心脏，而悬挂虱子的牛毛不断。飞卫说："你掌握射箭的奥秘了！"

②养由号猿（yuán）：养由，指养由基，春秋时楚国人，善射箭。据
《淮南子·说山训》，楚王庭院中有一只白猿，楚王亲自射它，这只
白猿抓着箭杆嬉戏。让养由基射它，刚开始调试弓箭，还没有射
击，白猿就抱着树干哀号不已了。

【译文】

纪昌经过辛苦锻炼眼力，能一箭贯穿虱子；养由基射术高超，刚调试
弓箭就吓得白猿哀号。

冯衍归里①，张昭塞门②。

【注释】

①冯衍（yǎn）归里：冯衍，字敬通，京兆杜陵（今陕西西安）人。幼有奇才，博通群书。王莽执政时，很多朝廷大臣举荐他做官，冯衍都推辞不肯出仕。据《后汉书·冯衍列传》，冯衍之前与外戚关系很好，光武帝刘秀惩处西京的外戚宾客，将他们全部绳之以法。冯衍也因此获罪，后被光武帝下诏不予追究。冯衍就回归乡里，闭门不出，以求自保。

②张昭（zhāo）塞门：张昭，字子布，彭城（今江苏徐州）人。博览群书，被孙权拜为辅吴将军。张昭相貌庄重严肃，气度威严，孙权常说："与张昭说话，我不敢妄言。"据《三国志·吴书·张昭传》，辽东地方割据军阀公孙渊向吴国称臣，孙权就准备派遣张弥、许晏到辽东拜公孙渊为燕王。张昭不同意二人前往，但孙权不听劝谏，于是张昭称疾不朝。孙权心中忿恨，用土堵住了张昭家的大门，张昭于是在门内也用土堵上。公孙渊果然杀死张弥、许晏二人，孙权于是多次派人慰问张昭，并向他致歉。

【译文】

冯衍免职回归乡里后，不敢与亲戚故旧来往；张昭因为直言劝谏而引起孙权的忿恨，堆土堵住张昭家的大门，张昭也用土堵门，以示不屈。

苏韶鬼灵①，卢充幽婚②。

【注释】

①苏韶（sháo）鬼灵：苏韶，西晋官吏，曾任常山太守、天台令。据《三十国春秋》，苏韶死后，他的堂弟苏节曾见苏韶乘马白天出行，戴黑色头巾，穿黄色单衣。苏节问苏韶阴间的事情，苏韶说："人死后变为鬼，也行走在天地之间，只是不与活人接触，孔子的弟子颜回和卜商现在担任修文郎之职。死后和活着的时候，没有太大

的差异。区别在于死后形体是虚的,活着的时候形体是实的。"说完,苏韶就不见了。

②卢充幽婚:据《搜神记》,汉朝卢充是范阳(今河北保定)人。卢充家往西四十里,有崔少府的坟墓。一次,卢充打猎,误入崔少府冥府,与其女儿成幽婚。卢充在这里逗留三日后离去。三年后,崔氏把儿子送给卢充。男孩长大成人后,担任多个郡的郡守。

【译文】

苏韶死后显灵,给他的堂弟苏节讲阴间与阳间、生与死的区别;卢充和死去的崔少府的女儿成亲,并生育一子。

　　震畏四知①,秉去三惑②。

【注释】

①震畏四知:震,指杨震,字伯起,弘农华阴(今陕西华阴)人。少孤贫好学,通达博览群书,人称"关西孔子"。据《后汉书·杨震列传》,杨震之前推举荆州茂才王密为昌邑县令,后来杨震去东莱赴任途经昌邑县时,王密怀揣十斤金,趁着夜色前来拜见杨震。杨震说:"我这个老朋友知道你的为人,你却不知道我的为人啊,你为什么要这么做呢?"王密说:"现在深更半夜的,不会有人知道的。"杨震说:"天知,神知,我知,你知,为什么说不会有人知道呢?"王密听罢惭愧地离开了。

②秉(bǐng)去三惑:秉,指杨秉,字叔节,是杨震的二儿子。据《后汉书·杨秉列传》,桓帝时杨秉为太尉,每当朝廷有什么得失,就竭尽忠诚进行规谏,多被采纳。杨秉不爱饮酒,夫人去世得早,之后不再续娶。凡所任职过的地方,都因廉洁为人称道。杨秉曾说:"我有三不惑,即不被酒、色、财这三样东西迷惑。"

【译文】

杨震常怀畏惧之心，就是夜半无人时，也明白做事情有天知、神知、我知、你知；杨秉清廉做人，不被酒、色、财这三样东西迷惑。

柳下直道①，叔敖阴德②。

【注释】

①柳下直道：柳下，指柳下惠，姬姓，展氏，名获，字季禽，春秋时期鲁国人。"柳下"是他的食邑，"惠"是他的谥号，后人称之"柳下惠"。据《论语·微子》，柳下惠做掌管刑罚狱讼之事的小官时，多次被罢免，有人跟他说："你不可以离开鲁国吗？"柳下惠说："我用正直的方法对待别人，到哪里不是被反复罢免呢？如果我为了保住职位而用不正直的办法和人交往，那么我何必离开父母之邦呢？"直道，犹正道。

②叔敖（áo）阴德：叔敖，指孙叔敖，春秋时期楚国人。据《新书》，孙叔敖小时候出去玩耍，回来后忧心忡忡，连饭也吃不下。母亲问原因，孙叔敖哭着说："今天见到一条两头蛇，我恐怕活不了几天了。"母亲问："蛇现在在哪儿？"孙叔敖回答说："我听说看见两头蛇的人会死，我怕别人见到，已经把它埋了。"母亲说："不用担心了，你不会死的。我听说有阴德的人会得到福报的。"人们听说这件事后，都说孙叔敖是位有仁德之人。后来担任楚国令尹，被民众信服。

【译文】

柳下惠宁愿正道直行被免官，也不愿改变自己去做一些不正直的事情；孙叔敖冒着危险帮助别人，积下阴德，受到福报，最终官至楚国令尹。

张汤巧诋①，杜周深刻②。

【注释】

① 张汤巧诋（dǐ）：张汤，京兆杜陵（今陕西西安）人。官至御史大夫，深受汉武帝信任，大权在握。据《汉书·张汤传》，张汤为廷尉，办案时常常舞弄文字，歪曲事实，诋毁构陷。他拜访问候高官，不避寒暑，从不间断。那些刻薄狠毒的官吏都被张汤用为手下，做决策时常以皇上意旨为准绳，又用儒家大义加以文饰。纵然张汤执法严酷，内心嫉妒，处事不公，口碑却很好，得到大家的赞誉。巧诋，歪曲事实，进行诋毁。

② 杜周深刻：杜周，南阳杜衍（今河南南阳）人。沉默寡言，性格迟缓，但是内心严酷。据《汉书·杜周传》，杜周为廷尉时，治理效法张汤。对那些皇上想要清除的，就顺势陷害；对皇上想要宽恕的，就长期羁绊不审理，并暗中查访为其找到从轻发落的理由。后来杜周担任执金吾，逮捕桑弘羊和卫皇后的侄子，处理苛刻狠毒，皇上认为杜周做事尽忠竭力没有私心，将他升迁为御史大夫。深刻，在这里指杜周办案严酷狠毒。

【译文】

张汤办案常常歪曲事实，进行诋毁；杜周决狱总是根据圣意办理，对皇上不喜欢的人处理得严酷狠毒。

三王尹京①，二鲍纠慝②。

【注释】

① 三王尹（yǐn）京：三王，指王尊、王章和王骏，他们都做过京兆尹。王尊，字子赣，涿郡高阳（今河北高阳）人。为人刚直果敢，持法严正。王章，字仲卿，泰山巨平（今山东泰安）人。初以文学为官，为人刚直敢言。王骏，字伟山，琅邪皋虞（今山东即墨）人。谏大夫王吉之子，以孝廉为郎。据《汉书·王骏传》，汉成帝欲委

王骏以重任，让他做京兆尹，以考察他的行政能力。王骏之前，担任京兆尹的有赵广汉、张敞、王尊和王章，一直到王骏，都有能干的名声。所以京师的人都说："前有赵张，后有三王。"

② 二鲍（bào）纠慝（tè）：二鲍，指鲍永、鲍恢。鲍永，字君长，上党屯留（今山西长治）人。司隶校尉鲍宣的儿子。从小有志向节操，侍奉后母至孝。鲍恢，扶风（今陕西西安）人。曾任都馆从事。据《后汉书·鲍永列传》，光武帝时，鲍永被征召为司隶校尉，弹劾赵王，朝廷上下小心审慎。鲍恢为都官从事，他同样为人正直，不避强权。皇帝说："皇亲贵戚们应当有所收敛，以避开二鲍。"当时权贵们忌惮害怕他们到这样的程度。纠慝，惩处邪恶。

【译文】

王尊、王章、王骏担任京兆尹，都有能干的名声；鲍永、鲍恢不避强权，敢于惩处邪恶。

中卷

【题解】

中卷共100句，约200个人物典故故事，主题丰富。如"孙康映雪，车胤聚萤"，说的是孙、车二人的勤学故事；"李充四部，井春五经"，说的是李、井二人的学术成就；"谷永笔札，顾恺丹青"，说的是谷、顾二人的艺术才华；"阮宣杖头，毕卓瓮下"，说的是阮、毕二人个性自由、不拘俗礼。

《蒙求》所选素材，是从卷帙浩繁的古籍中，芟除烦冗，采撷到的精华，它们以点阵的方式勾勒出中国文化和历史的轮廓。故事出处和分类虽然稍显杂乱，但这种"碎片化"知识对童蒙教育却有水滴石穿、绳锯木断之效。由点及面，积少成多，或许是学习历史的好办法。

孙康映雪①，车胤聚萤②。

【注释】

①孙康映雪：孙康，京兆（今陕西西安）人。自幼清正耿直，官至御史大夫。据《孙氏世录》，孙康家贫，夜里无油点灯读书。每逢下雪，则在雪地借白雪反射的微弱光线读书。

②车胤（yìn）聚萤：车胤，字武子，南平（今福建南平）人。待人恭

敬,为学勤奋,博览群书。据《晋书·车胤列传》,车胤家中贫困,无灯油夜读。夏天就捉几十只萤火虫放在纱网袋里照明,夜以继日地读书。车胤因为明察事理,被桓温器重,逐渐升迁为征西长史,在朝廷显耀一时。最终官至吏部尚书。

【译文】

孙康家贫,每逢下雪,借白雪反射的微弱光线读书;车胤捉萤火虫照明,夜以继日地读书。

李充四部①,井春五经②。

【注释】

①李充四部:李充,字弘度,江夏(今湖北安陆)人。善写楷书,与大书法家锺繇、索靖媲美,得到人们推重。据《晋书·文苑列传·李充》,李充任著作郎之职,整理国家藏书。当时典籍混乱,李充删除那些繁杂重复的内容,把典籍按类别进行编辑整理,分为经、史、子、集四类。这种分类法被一直沿用下来。

②井春五经:井春,指井丹,字大春,扶风郿县(今陕西眉县)人。据《后汉书·逸民列传·井丹》,井丹年轻时在太学学习,通晓五经,善于谈吐,京师评价他:"五经纷纶井大春。"井丹个性清高,从不拿名帖拜访他人。

【译文】

李充把典籍为分四类,这种分类方法被后世沿用;井丹通晓五经,京师评价他"五经渊博井大春"。

谷永笔札①,顾恺丹青②。

【注释】

①谷永笔札(zhá)：谷永，字子云，长安(今陕西西安)人。谷永年轻时为长安小吏，后博学经书，善书牍。据《汉书·游侠传·楼护》，汉成帝时，外戚王氏势力很大，一门有五人封侯，时人称其为"五侯"。谷永与楼护(字君卿)都是五侯的上客，长安城中人们都说："谷子云笔札，楼君卿唇舌。"说的就是他们二人的文笔和辩才为人所重视。

②顾恺(kǎi)丹青：顾恺，指顾恺之，字长康，晋陵无锡(今江苏无锡)人。工于绘画，博学多才，人称其有三绝：才绝、画绝和痴绝。据《晋书·顾恺之列传》，顾恺之擅长丹青，绘画神妙。曾将珍爱的作品放进柜子里，贴上封条签字后，寄存在桓玄那里。桓玄从柜子后面打开，把画偷走，再把柜子原样封好后还给顾恺之，骗他说从未打开过柜子。顾恺之见封条签字完好如初，就说这是妙画通灵，变化而去，犹如凡人升仙，毫不奇怪。

【译文】

谷永通晓经书，善写文章；顾恺之博学多才，绘画神妙。

戴逵破琴①，谢敷应星②。

【注释】

①戴逵(kuí)破琴：戴逵，字安道，谯国(今安徽亳州)人。博学多才，能鼓琴，工书画。据《晋书·隐逸列传·戴逵》，武陵王司马晞听说戴逵善鼓琴，派人去见他，戴逵当着使者面将琴毁掉，说："我戴安道不做王公贵族门下的戏子。"司马晞很生气，就转而召用他的哥哥戴逯。戴逯接到任命，抱着琴就高高兴兴地出发了。后来官府又多次征召戴逵，他都拒不接受任命。

②谢敷(fū)应星：谢敷，字庆绪，会稽(今浙江绍兴)人。生性清静

寡欲,入太平山隐居十余年,政府征召皆不接受。据《晋书·隐逸列传·谢敷》,起初,月亮侵犯少微星。少微星又叫处士星,占卜者指出,会有隐士死掉以化解这个灾异。谯国戴逵的才华一直为人称道,就有人为他担忧,没想到不久后却是谢敷死掉了。所以会稽人用这件事嘲笑吴地(谯国属吴地)人,说:"吴中高士,便是求死不得死。"意谓谢敷乃为名副其实的隐士,老天不承认戴逵是处士星下凡。

【译文】

戴逵摔破自己的爱琴,坚决不做王公贵族门下的戏子;月亮侵犯处士星时,隐士谢敷对应这个灾异而去世。

阮宣杖头[1],毕卓瓮下[2]。

【注释】

[1] 阮(ruǎn)宣杖头:阮修,字宣子,是阮咸的堂弟。热衷研究《易经》《老子》,善于清谈,性格简约放任,不善交际,讨厌和俗人往来。据《晋书·阮修列传》,阮修每次出门,总在拐杖头上挂一百钱做酒资,到了酒店就独自畅饮。就算当世权贵富豪,阮修也不愿与之往来。家中余粮不足一石,可他却悠然自得,不以为意。最爱与本族兄弟以及一些志同道合的朋友,游玩于山水林泉之间。

[2] 毕卓瓮(wèng)下:毕卓,字茂世,新蔡铜阳(今安徽临泉)人。父亲毕谌,为中书郎。毕卓少年时放浪不羁,喜饮酒。据《晋书·毕卓列传》,大兴末年,毕卓为吏部郎,常因饮酒荒废公务。一次,毕卓知道邻居家的酒刚刚酿好,夜里趁着醉意去偷酒喝,被管酒的人抓到并用绳捆绑。第二天早上一看,竟然是毕吏部,赶紧为其解绑。毕卓于是邀请主人在酒瓮旁边重开宴席,大醉而归。毕卓常说:"但愿能有一条船,船载数百斛酒,船两头放置四

季美味,右手持酒杯,左手拿蟹螯,在船中随浪浮沉,一生足矣。"

【译文】

阮修个性自由,常常在拐杖头上挂一百钱,随意行走,遇酒则饮;毕卓不拘俗礼,夜半到邻家偷酒,醉倒瓮下。

文伯羞鳖①,孟宗寄鲊②。

【注释】

①文伯羞鳖(biē):文伯,指公父文伯,春秋时鲁国大夫。据《国语·鲁语》,公父文伯请南宫敬叔饮酒,以露睹父为主宾。席间上的菜品中有一道鳖菜,鳖很小,露睹父很生气。公父文伯请大家吃鳖的时候,露睹父拒绝说:"我要等鳖长大后再吃!"于是离席而去。文伯的母亲听到这件事后,气愤地责备文伯,说:"我那过世的公公曾说过:'祭祀时对象征祖先的尸主一定要恭敬,宴飨时对主宾一定要恭敬。'一只鳖有什么大不了呢?你竟然因为一只鳖让主宾生气!"于是将文伯赶出家门。羞,进献。

②孟宗寄鲊(zhǎ):孟宗,指孟仁,字恭武,江夏(今湖北孝昌)人。本名孟宗。为人至孝,"二十四孝"中"哭竹生笋"就是关于他的故事。据《三国志·吴书·三嗣主传》裴松之注引《吴录》,孟宗做管理渔业的小官时,自己织网捕了些鱼,腌制后寄送给母亲。母亲收到后将鲊鱼退回,说:"你是管理渔业的官员,却寄给我一些鲊鱼,这样做无法避嫌。"后来孟宗升迁为吴地县令,因为不能把母亲带在身边,孟宗每得到美食,不寄给母亲先尝尝,自己决不食用。鲊,腌制的鱼。

【译文】

文伯在宴请宾客时,因为进献的鳖菜太小让主宾生气,而受到母亲的责备;孟宗亲自捕鱼做成鲊菜寄给母亲,却被母亲退回。

史丹青蒲①，张湛白马②。

【注释】

①史丹青蒲（pú）：史丹，字君仲，鲁国人，后迁居杜陵（今陕西西安）。据《汉书·史丹传》，汉元帝生重病时，因为元帝宠爱的傅昭仪和定陶王服侍在身边，而皇后、太子很少能进见。皇后担心元帝会更换太子，所以非常忧虑。史丹为元帝近臣，在元帝独寝时，伏在青边蒲席上，哭着说：“皇太子以嫡长子的身份被立为太子已十余年，广受百姓爱戴，天下莫不归心。现在定陶王受到您的宠爱，如果皇上您有更换太子之意，那么公卿大臣以下，一定不会接受诏令，并会以死抗争。请皇上先将我赐死，以示群臣。”元帝大为感慨，表示不会更换太子。青蒲，青边蒲席。

②张湛（zhàn）白马：张湛，字子孝，扶风平陵（今陕西咸阳）人。端庄严肃，崇尚礼节，依规矩行事。就算休闲在家也要穿戴齐整，对待妻子儿女就像严肃的父母，出门遇到乡邻则言辞谨慎，表情庄重。据《后汉书·张湛列传》，建武初年，张湛官拜光禄勋。光武帝刘秀上朝，有的时候面有倦容，张湛就当场指正。张湛常骑白马出行，皇上每次见到张湛，就说：“白马生又要来进谏了。”

【译文】

史丹伏在青边蒲席上，请求皇帝不要更换太子，以免发生宫廷动乱；张湛言行谨慎，敢于直言进谏，常骑白马出行。

隐之感邻①，王修辍社②。

【注释】

①隐之感邻：隐之，指吴隐之，字处默，濮阳鄄城（今山东鄄城）人。博涉文史，以操守清正、儒雅有节闻名。据《晋书·吴隐之列

传》，吴隐之十来岁的时候，为父亲守丧，哀伤痛哭，路人被感动得流泪。侍奉母亲谨守孝道，母亲去世，悲哀过度以至于身体受损。与太常韩康伯做邻居，韩康伯的母亲贤惠而明白事理，每次听到吴隐之痛哭，就放下筷子停止吃饭，与他一起哭。母亲对韩康伯说："你以后如果身居高位，有机会提拔别人的话，应该提拔吴隐之这样的人。"等韩康伯做了吏部尚书，推荐吴隐之出仕为官。

②王修辍（chuò）社：王修，字叔治，北海营陵（今山东昌乐）人。曾被孔融召为主簿，任高密令。据《三国志·魏书·王修传》，王修七岁那年母亲去世，当时正是社日。第二年的社日，邻里举行祭祀活动，王修怀念母亲，哭声极为哀伤。邻里被哭声打动，同情他而停止活动。

【译文】

母亲去世，隐之悲伤哭泣，孝道感动邻居；王修怀念去世的母亲，哭声打动邻里，停止社日的祭祀活动。

阮放八俊①，江泉四凶②。

【注释】

①阮（ruǎn）放八俊：阮放，字思度，陈留尉氏（今河南尉氏）人。年少知名，爱老庄。据《晋书·羊曼列传》，羊曼任达放纵，喜好饮酒，和温峤、庾亮、阮放、桓彝等人志同道合，关系友善，同为东晋元帝中兴名士。当时州里称陈留阮放为宏伯，高平郗鉴为方伯，泰山胡毋辅之为达伯，济阴卞壸（kǔn）为裁伯，陈留蔡谟为朗伯，阮孚为诞伯，高平刘绥为委伯，羊曼为䣊（tà）伯，号称"兖州八伯"，即效仿古代的"八俊"。

②江泉四凶：江泉，陈留（今河南开封）人。据《晋书·羊聃列传》，羊曼的弟弟羊聃，字彭祖，自小顽劣，不爱学习，被人们鄙视。对

应"八伯",以下四位凶恶之人被称为"四伯",即效仿古时的"四凶":大鸿胪江泉以能吃为谷伯,豫章太守史畴以太肥为笨伯,散骑郎张嶷以狡猾狂妄为猾伯,而羊聃以凶残暴戾为琐伯。

【译文】

阮放和其他七位志同道合之士,因为品格高洁被称为八俊;而江泉和其他三人一起,因为品质恶劣而被称为四凶。

华歆忤旨①,陈群蹙容②。

【注释】

①华歆(xīn)忤(wǔ)旨:华歆,字子鱼,平原高唐(今山东禹城)人。魏明帝即位后,升任太尉。据《三国志·魏书·华歆传》裴松之注引华峤《谱叙》,魏文帝曹丕接受汉献帝刘协禅让而登上帝位,群臣都受到封赏,众人一片欢腾,而华歆却面有不悦之色。文帝一怒而将华歆贬为司徒,不加封爵位。魏文帝问尚书令陈群:"我顺天承命,接受汉献帝禅让,公卿百官无不喜形于色。而登基那天,相国华歆和您面有不悦,这是为什么呢?"陈群说:"我与相国华歆曾在汉朝为官,现在您称帝,我们内心虽然喜悦,但是对旧主的感情还是忍不住在脸上表现出来,也担心您虽表面应允而内心憎恶。"文帝这才转为高兴。

②陈群蹙(cù)容:陈群,字长文,颍川许昌(今河南许昌)人。是魏晋选官制度"九品中正制"和曹魏律法《魏律》的主创人。据《世说新语·方正》,魏文帝受汉禅登上帝位,陈群面带悲伤。蹙容,眉头紧皱的样子。

【译文】

魏文帝取代汉献帝,因为怀念旧朝,华歆脸露不悦之色而忤逆文帝;陈群则眉头紧皱,一脸悲苦。

王濬悬刀[①]，丁固生松[②]。

【注释】

①王濬（jùn）悬刀：王濬，字士治，弘农湖县（今河南灵宝）人。博览古籍，豁达坦率，胸襟大度。据《晋书·王濬列传》，一天夜里，王濬梦见自己卧室房梁上悬挂着三把刀，过了一会儿又多出一把（"须臾又益一刀"）。醒来后，王濬非常讨厌这个梦，主簿李毅拜贺说："三把刀组成一个'州'字，又'益'一刀，您大概要去益州任职了吧？"不久王濬果然调任益州刺史。

②丁固生松：丁固，字子贱，山阴（今浙江绍兴）人。有美名，官至司徒。据《三国志·吴书·三嗣主传》裴松之注引《吴书》，起初，丁固为尚书，梦见肚子上长出一棵松树。丁固和别人说："'松'字，拆开就是'十''八''公'。再过十八年，我大概要登公卿之位了！"最终，丁固真的位居三公。

【译文】

王濬梦见自己卧室的房梁上悬挂着三把刀，过了一会儿又增加一把，后任益州刺史；丁固梦见自己肚子上长出一棵松树，十八年后贵为公卿。

姜维胆斗[①]，卢植音钟[②]。

【注释】

①姜维胆斗：姜维，字伯约，天水冀县（今甘肃天水）人。本魏将，后归蜀。魏灭蜀后，降于钟会。后劝钟会叛魏自立，以乘机恢复蜀汉，事败被杀。据《三国志·蜀书·姜维传》裴松之注引郭颁《世说》，姜维死后肚子被剖开，发现他的胆像斗一样大。

②卢植音钟：卢植，字子干，涿郡涿县（今河北涿州）人。性格刚毅，品德高尚。据《后汉书·卢植列传》，卢植身高八尺，声如洪钟。

年轻时拜马融为师,与郑玄、管宁、华歆同门。卢植学贯古今,喜好研究经典大义,而不拘泥具体字句。马融出身外戚豪门,家中经常有众多女伎歌舞于前。卢植侍讲多年,连眼珠都没有向她们转过,深得马融敬佩。卢植在马融那里学成归乡,在家闭门教学。他性格刚毅,胸怀大志,常怀济世安民之志。

【译文】

姜维死后肚子被剖开,发现他的胆像斗一样大;卢植性格刚毅,品德高尚,声如洪钟。

桓温奇骨①,邓艾大志②。

【注释】

①桓(huán)温奇骨:桓温,字元子,谯国龙亢(今安徽怀远)人。宣城太守桓彝长子,晋明帝司马绍女婿。官至大司马南郡公,专擅朝政。据《晋书·桓温列传》,桓温不到一岁时,太原人温峤见到他,说:"这个孩子骨相奇特,可以让他哭一声看看。"听到哭声后,温峤又说:"真是个好苗子啊!"因为得到温峤的赏识,父亲桓彝就给孩子起名为温。

②邓艾大志:邓艾,字士载,义阳棘阳(今河南新野)人。据《三国志·魏书·邓艾传》,邓艾少年时家境贫寒,但有远大志向,每见高山大泽,就以军事家的眼光来规划军营驻扎处所。后来率军征讨蜀国,大败蜀军。

【译文】

桓温骨骼清奇,不到一岁就被温峤赏识;邓艾少有大志,有军事潜能。

杨修捷对①,罗友默记②。

【注释】

①杨修捷对:杨修,字祖德,弘农华阴(今陕西华阴)人。太尉杨彪之子,好学,思维敏捷。据《后汉书·杨修列传》,杨修敏于应对,有才华,在丞相曹操帐下担任主薄。一次,杨修有事外出,但是推算曹操当天会来询问事情,于是就提前写好答案,交给守家的僮仆,让他按顺序回答问题即可。曹操果然派人来问事,僮仆依次回答。曹操奇怪为什么回答得如此神速,调查出来原因后,忌恨杨修,后借机把他杀掉。捷对,应对敏捷。

②罗友默记:罗友,襄阳(今湖北襄阳)人。据《世说新语·任诞》,罗友年轻时,很多人认为他痴呆。在别人家祭祀的时候,他趁机去讨一些供品吃,而毫无惭怍之色。罗友记忆力强大,跟随桓温征伐蜀地,巡视蜀地时,把城池情况,包括道路宽窄、果木多少,都默记在心。后来桓温与人讨论当年蜀中之事,凡有所遗忘,罗友都能逐一罗列,无所遗漏,众皆叹服。

【译文】

杨修好学聪明,敏于回答曹操的问题,为曹操所忌妒;罗友记忆力超凡,能详细记下平定蜀地时的事件和景物。

杜康造酒①,苍颉制字②。

【注释】

①杜康造酒:杜康,传说为最早酿酒的人。魏武帝曹操的乐府《短歌行》有:"慨当以慷,忧思难忘。何以解忧,唯有杜康"的句子。而《吕氏春秋》里又有"仪狄造酒"的说法。到底杜康和仪狄谁是第一个造酒的人,还未有定论。也或许酒最初并不是由一个人独立酿造出来的,而是当时大家共同努力的结果。

②苍颉(jié)制字:据《淮南子·本经训》,"苍颉发明文字,天上下

起粟米雨,鬼在夜里哭泣"。许慎说:"苍颉根据鸟兽留下的脚印
和爪痕发明文字,因为文字的出现,人类文明变得进步,但人类最
初的纯朴就会消失,人们就会产生诈伪,就会舍本逐末。他们不
再专注于耕种,而致力于工具的发明。上天知道人类将要挨饿,
所以降下粟雨。鬼怪怕自己被新发明的文字弹劾,所以夜里因为
恐惧而哭泣。"

【译文】

传说,酒是由杜康最先酿造出来的,文字是由苍颉根据鸟兽留下的
痕迹创造的。

樗里智囊①,边韶经笥②。

【注释】

①樗(chū)里智囊(náng):樗里,指樗里子,名疾,秦惠文王异母
　弟。因家在渭水之南的樗里,因此被称为樗里子。据《史记·樗
　里子甘茂列传》,樗里子能言善辩,言辞诙谐,秦国人称他为"智
　囊"。秦武王继位后,任命樗里子和甘茂为左右丞相。樗里子死
　后被葬在渭水南边章台之东。樗里子临终时说:"一百年之后,我
　的坟墓会夹在天子的宫殿中间。"汉朝建立后,刘邦的长乐宫在
　他坟墓东边,而未央宫则在他坟墓西边,武库则正对着他的坟墓。
　秦国人有句谚语说:"力则任鄙,智则樗里。"

②边韶(sháo)经笥(sì):边韶,字孝先,陈留浚仪(今河南开封)
　人。以擅长写文章而知名,教授生徒数百人。思维敏捷,辩才超
　群。据《后汉书·文苑列传·边韶》,一次,边韶白天睡觉,弟子
　们私下嘲笑他,说:"这个边孝先,大腹又便便;偷懒不读书,只想
　来睡眠。"边韶暗中听到,立刻回应说:"边是他的姓,其字为孝
　先;虽然腹便便,五经在里面;看着像睡觉,其实思经典。睡梦中

能与周公相通，醒着时与孔子同心，学生胆敢嘲笑老师，出自哪部经典？"经笥，指装经书的箱子，比喻学识渊博之人。

【译文】

樗里子能言善辩，言辞诙谐，秦国人称他为"智囊"；边韶思维敏捷，辩才超群，将自己的肚子比喻为装经书的箱子。

滕公佳城^①，王果石崖^②。

【注释】

①滕（téng）公佳城：滕公，指夏侯婴，泗水沛县（今江苏沛县）人。西汉开国功臣。起初担任滕公奉车之职，故号滕公。据《西京杂记·滕公葬地》，滕公夏侯婴乘车经过东都门，拉车的马不断嘶鸣，原地踏步不肯前进，用蹄子反复刨地。滕公命令在马刨处开掘，发现一副石棺。棺材上有铭文，叔孙通说："这是古代的蝌蚪文，说的是：'佳城郁郁，三千年后才见天日，滕公啊，就葬在这个墓室。'"滕公说："唉，这是天意啊！我死后就葬在这里吧！"佳城，指墓地。

②王果石崖：据《神怪志》，唐朝左卫将军王果被任命为益州太守，赴任路上乘船经过三峡，于船中望崖，但见壁立千丈，异常雄伟。有东西悬在崖壁半腰，就像一副棺材。王果派人攀上悬崖查看，果然是一副棺材，打开之后，骨骸仍在。旁边有石，上刻："三百年后水漂我，欲及长江垂欲堕，欲堕不堕遇王果。"王果见碑文，心中悲怆，说："他几百年前就知道我的名字，我如何忍心不顾而去！"于是逗留数日，选择莹地安葬，祭拜后才离开。

【译文】

滕公夏侯婴驾车经过东都门，挖掘到自己未来的墓室；王果乘船时发现悬棺，就将其营葬。

买妻耻樵^①,泽室犯斋^②。

【注释】

①买妻耻樵（qiáo）：买，指朱买臣，字翁子，会稽吴县（今江苏苏州）人。据《汉书·朱买臣传》，朱买臣家贫，好读书，不懂得治办产业，以打柴为生。经常担着柴薪，边走边诵读经书。他的妻子背着柴跟在后面，觉得羞耻，要求离婚。朱买臣说："我五十岁后会大富大贵，现在已经四十多了，你跟我过了这么多年苦日子，等我富贵时好好报答你。"妻子气愤地说："像你这样的人，最后只能饿死在沟中，怎么能富贵呢？"朱买臣无奈，只好按妻子的要求给了她一纸休书。后经同乡严助推荐，朱买臣得汉武帝宠信，拜中大夫，出任会稽太守。

②泽室犯斋（zhāi）：泽，指周泽，字稺都，北海安丘（今山东安丘）人。少通经传，门徒数百。后担任太常，宗庙祭祀恭敬严谨。据《后汉书·儒林外传·周泽》，一次周泽生病，但他坚持在皇帝祭祀的地方斋戒，妻子心疼他年迈又生着病，前去斋宫探望。周泽大怒，认为妻子冒犯了斋戒的禁忌，将其押送到诏狱治罪。大家都觉得周泽过于偏激，说："活在世上好倒霉，作了太常周泽妻。一年三百六十日，三百五十九天在斋戒。"

【译文】

朱买臣打柴时不忘诵读经书，他的妻子觉得羞耻；周泽生病的时候还坚持斋戒，妻子探望他却被惩罚。

马后大练^①,孟光荆钗^②。

【注释】

①马后大练：马后，指明德马皇后，汉明帝刘庄的皇后，是伏波将军

马援的小女儿。生活俭朴，不信巫祝，待人和善，宫中无人不赞。据《后汉书·皇后纪·明德马皇后》，马皇后性格谦和，行为恭谨。能背诵《易经》，喜好读《春秋》《楚辞》，尤其喜欢《周礼》和《董仲舒书》。"常衣大练，裙不加缘"，经常穿着简朴的粗帛衣服，裙子上连个装饰用的花边都不加。大练，粗帛。

② 孟光荆钗：孟光，梁鸿之妻。梁鸿，字伯鸾，扶风平陵（今陕西咸阳）人。梁鸿受业太学，家贫而有节操，博览群书，无不精通。据《后汉书·逸民列传·梁鸿》，梁鸿同县孟家有个女儿，体态肥胖，又丑又黑，梁鸿愿娶她为妻。出嫁时，这个女子稍做打扮，可是梁鸿一连七天都不搭理她。女子重新梳理，改变发型，头戴荆钗，身穿布衣，干着活儿来到梁鸿面前。梁鸿大喜，说："此真梁鸿妻也！"给她取字为德曜，取名为孟光，夫妻二人隐居在霸陵山。荆钗，荆条作的发钗，是古代贫家妇女的常用之物。

【译文】

马皇后德行纯朴，为人谦恭，经常穿着简朴的粗帛衣服；孟光头戴荆条作的发钗，身穿布衣，和梁鸿一起隐居霸陵山。

颜叔秉烛①，宋弘不谐②。

【注释】

① 颜叔秉烛：据毛亨注解《诗经·小雅·巷伯》，过去，颜叔子独自居住，他的邻居是一个寡居的妇人。夜里狂风暴雨突至，妇人家的房子坏掉了。妇人到颜叔子家避雨，叔子让她进屋，并让她手执火烛，屋里亮如白昼。柴薪烧完，再从屋顶抽茅草继续。

② 宋弘不谐：宋弘，字仲子，京兆长安（今陕西西安）人。汉光武帝刘秀即位后，宋弘被任命为大司空。据《后汉书·宋弘列传》，光武帝的姐姐湖阳公主丈夫去世，光武帝和她讨论朝廷大臣时，暗

中观察她的想法。公主说："宋弘的相貌和德行,朝中大臣无人能及。"光武帝召见宋弘,并提前安排公主坐在屏风后面。光武帝对宋弘说:"有句谚言说'地位尊贵了就更换朋友,有钱了就更换妻子',这就是人性吧?"宋弘说:"我只听说过'贫贱之交不可忘,糟糠之妻不下堂'。"光武帝回头对屏风后面的公主说:"这事情办不成了。"

【译文】

颜叔子雨夜接纳妇人避难,彻夜点燃烛火以避嫌;宋弘坚持糟糠之妻不下堂,拒绝皇帝的提亲。

邓通铜山①,郭况金穴②。

【注释】

①邓通铜山:邓通,蜀郡南安(今四川乐山)人。以佞媚著称。据《汉书·佞幸传·邓通》,汉文帝宠幸邓通,赏赐给他上万的钱财,官至上大夫。文帝曾让人给邓通相面,相者说:"他将来会贫困交加,饥饿而死。"文帝说:"能让邓通富贵的人是我,我怎么可能让他贫穷至死呢!"于是把蜀郡严道的铜山赏赐给邓通,授予他自己铸造钱币的权力,邓通富甲天下,官至上大夫。汉景帝时被免官治罪,家产被没收,最后寄居别人家,竟被饿死。

②郭况金穴:郭况,真定藁城(今河北石家庄)人。光武帝第一任皇后郭圣通的弟弟。据《后汉书·皇后纪·光武郭皇后》,郭况为人小心谨慎,十六岁就官拜黄门侍郎。因为郭况是皇后的弟弟,所以地位尊贵,宾客聚集。郭况谦虚恭敬,礼贤下士,声誉很高,升任大鸿胪。光武帝多次驾临郭况家,将公卿诸侯以及亲戚们聚在一起举办宴会。光武帝赏赐给郭况的金钱缣帛丰盛无比,京城称郭况家为金穴。汉明帝即位,也多次赏赐郭况,恩情和礼遇都

特别丰厚,官至特进。

【译文】

邓通得汉文帝宠幸,拥有铜山以铸造钱币;郭况被光武帝赏识,封赏无数,他家被称为金穴。

秦彭攀辕①,侯霸卧辙②。

【注释】

①秦彭攀辕(yuán):秦彭,字伯平,扶风茂陵(今陕西兴平)人。出身于世家大族,历官骑都尉、颍川太守。据《后汉书·循吏列传·秦彭》,在秦彭担任颍川太守时,有凤凰、麒麟、嘉禾、甘露等祥瑞在郡内出现。肃宗只要幸临颍川,都会赏赐秦彭钱财和谷物,对他的恩宠格外突出。又据《文选》李善注引《东观汉记》,秦彭任职期满离任时,当地老幼攀住车辕号泣不止,不舍让其离去。

②侯霸卧辙(zhé):侯霸,字君房,河南密县(今河南新密)人。侯霸矜持严肃,仪容威严,家累千金,不事产业,笃志好学。据《后汉书·侯霸列传》,王莽末年,侯霸为淮平太守,有能干的名声。王莽失败时,侯霸加固城池,严防死守,终于保住了全郡。更始元年(23),皇上派使者征召侯霸,百姓们扶老携弱,哭着阻拦使者车辆,或者直接躺在路上,大家都说:"但愿再留侯君一年。"到光武帝刘秀时,任命他为大司徒。

【译文】

秦彭任职期满时,人们攀着车辕不让其离任;为了挽留侯霸,人们直接躺在路上阻挡车辆。

淳于炙輠①,彦国吐屑②。

【注释】

①淳（chún）于炙辖（guǒ）：淳于，指淳于髡，战国时齐国大臣。巧言善辩，多次出使诸侯国，未辱使命。见识广博，记忆力强。据《史记·孟子荀卿列传》，淳于髡见梁惠王，相谈三日三夜而毫无倦意。梁惠王想给淳于髡卿相的职位，淳于髡不接受。于是梁惠王送给他四匹马拉的大车，成捆的丝帛加上玉璧，以及黄金百镒。淳于髡终身不仕。齐国人称颂他说："炙辖过髡。"辖，过去车上盛装油膏的器具。辖经炙烤后流油，润滑车轴。这里用以比喻淳于髡充满智慧，议论不绝。

②彦（yàn）国吐屑：彦国，指胡毋辅之，字彦国，泰山奉高（今山东泰安）人。据《晋书·胡毋辅之列传》，胡毋辅之年轻时知名度就很高，有品鉴人的能力。生性嗜酒，放纵不拘小节。王澄曾给人写信说："彦国吐佳言，如锯木屑，霏霏不绝，诚为后进领袖也。"

【译文】

淳于髡智多善辩，口才滔滔，就像车辆上盛润滑油的容器，经过烘热后出油源源不断；胡毋辅之口吐佳言，就像锯木头时掉落的木屑，连绵不绝，可堪担当青年人的领袖。

太真玉台①，武子金埒②。

【注释】

①太真玉台：太真，指温峤，字太真，太原祁县（今山西祁县）人。出身太原温氏，博学孝悌，善于清谈。据《世说新语·假谲》，温峤丧偶，而堂姑刘氏家遭遇离散，身边只一个女儿，聪慧漂亮。堂姑嘱托温峤为女儿找门亲事，温峤私下有娶她的想法。几天后，温峤和堂姑说："找到合适的人家了，对方人品与门第都不比我差。"并送来一枚玉镜台作为聘礼。结婚那天，行完交拜礼，女子用手

拨开遮脸的纱扇,抚掌大笑说:"我一直就怀疑新郎是你,果不出我所料。"玉台,即玉镜台,玉做的镜子。

②武子金埒(liè):武子,指王济,字武子,太原晋阳(今山西太原)人。王济喜欢弓箭骑马,勇力绝人,精通《易经》及《庄子》《老子》,文辞优美,才华过人。与姐夫和峤及裴楷等人齐名,娶常山公主为妻。王济生性豪放奢侈,喜欢锦衣玉食。据《世说新语·汰侈》,王济因得罪皇帝被免职,移居到北邙山。当时京城洛阳的地价很贵,王济专门买地用作骑马的跑道,在旁边建起矮墙,把铜钱编在一起铺满矮墙,当时的人们称之为"金沟"。埒,矮墙。

【译文】

温峤喜欢堂妹,送一枚玉镜台做聘礼;王济喜欢铺张浪费,修建的骑马跑道被称为"金沟"。

巫马戴星,宓贱弹琴①。

【注释】

①巫马戴星,宓(mì)贱弹琴:巫马,指巫马期,名施。宓贱,指宓子贱,名不齐。二人均为孔子弟子。据《吕氏春秋·察贤》,宓子贱治理单父县时,每天只在堂上弹弹琴而已,连堂都不下,单父县就被治理得井井有条。而巫马期治理单父县时,事必躬亲,披星戴月,单父县也治理得很好。巫马期问其中的缘故,宓子贱说:"我的治理方法是任用贤才,你的治理方法是使用力气。任用人才者安逸,任用力气者劳苦。"

【译文】

巫马期和宓子贱都把单父县治理得很好,只是巫马期披星戴月,辛苦异常,而宓子贱弹琴唱歌,轻松安逸。

郝廉留钱^①,雷义送金^②。

【注释】

①郝（hǎo）廉留钱：郝廉，指郝子廉。据《风俗通义·衍礼》,太原郝子廉家境贫寒,食不果腹,衣不遮体,但不占别人分毫便宜。曾经在姐姐家吃饭,走的时候偷偷把钱放在席下。每次外出喝水,总是将一枚钱投到井中。

②雷义送金：雷义,字仲公,豫章鄱阳（今江西鄱阳）人。据《后汉书·独行列传·雷义》,雷义在郡里担任功曹,提拔推荐贤能,却不炫耀自己的功劳。雷义曾救过一个死刑犯,这人登门送二斤金以示感谢,被雷义拒绝。他趁雷义不注意,悄悄把金子放在屋顶棚上。后来雷义修整房屋,才发现这些金子。但是金子的主人已死,无法物归原主,雷义就把它交给县里。

【译文】

郝子廉虽然贫寒,但饮水吃饭都要付钱;雷义不贪人财,就算多年以后也要把金子退还。

逢萌挂冠^①,胡昭投簪^②。

【注释】

①逢萌挂冠：逢萌,字子康,北海都昌（今山东昌邑）人。逢萌家贫,曾担任亭长职务,因不甘为人所役使,于是辞官而去,到长安求学,精通《春秋》。据《后汉书·逸民列传·逢萌》,当时王莽杀死自己的儿子王宇,逢萌对朋友说："三纲被败坏了,再不离去就会引火上身。"于是把自己的冠解下来,挂在东都城门,带着全家渡海离开,客居辽东。逢萌素来懂得阴阳之学,预知王莽将败,就头顶瓦盆,在集市上哭着说："王莽建立的新朝啊! 那个新朝啊!"

接着就躲了起来。后来光武帝刘秀征召他为官,没有应召。

②胡昭(zhāo)投簪(zān):胡昭,字孔明,颍川(今河南禹州)人。隐居山中,不愿出仕。善书法。据《三国志·魏书·胡昭传》,起初,胡昭在冀州躲避战乱,拒绝袁绍对他的任命,逃回故里。曹操做汉丞相时,频频以礼相待,请他做官。胡昭不得已,前往应命。胡昭说自己只不过是一个出身乡野的书生,对军队和国家没有任何用处,真心实意地请求回家。于是移居陆浑山,亲自耕种。胡昭喜好圣道,钻研经籍自娱自乐,深得乡邻敬爱。挚虞作《征士胡昭赞》:"投簪卷带,韬声匿迹。""挂冠"和"投簪",都是弃官的意思。

【译文】

逢萌见微知著,知道世道要乱,于是弃官归隐;胡昭不愿为官,投簪卷带而去,从此销声匿迹。

王乔双凫①,华佗五禽②。

【注释】

①王乔双凫(fú):王乔,河东(今山西南部)人。东汉术士,汉明帝时为叶县令。据《后汉书·方术列传·王乔》,王乔有神术,每个月都会从叶县来京城朝拜,明帝奇怪他来这么多次了,可从没见过他的车辆随从,就派太史暗中观察他。太史说每次王乔快到的时候,就会有一对野鸭子从东南方向飞过来。于是等这对野鸭再来的时候,就张网把它们捕住,竟然变成了一双鞋子。凫,野鸭。

②华佗(tuó)五禽:华佗,字元化,沛国谯县(今安徽亳州)人。东汉末年著名的医学家,医术高超,尤擅外科,精于手术。据《三国志·魏书·华佗传》,华佗认为人的身体需要运动,但又不能过劳,运动能使食物得到消化,血脉畅通,人就不会生病,就像天天转动的门轴不会腐朽。华佗发明一种运动方法,叫五禽戏,五禽分别是

虎、鹿、熊、猿、鸟。华佗称使用这个方法锻炼身体能消除疾病，让人手脚麻利，可以当作导引的健身术。当身体有所不适，练一遍五禽戏，浑身出汗后，在身上涂一层粉，就会身体轻便，食欲大增。

【译文】

王乔的鞋子变成一对野鸭，带着他到宫中朝拜；华佗发明五禽戏，坚持锻炼可以强身健体。

程邈隶书[①]，史籀大篆[②]。

【注释】

①程邈（miǎo）隶书：程邈，字元岑，下邽（今陕西渭南）人。秦朝时为县之狱吏。据《书断》，程邈因罪被囚禁云阳狱中。程邈擅长大篆，将篆书进行改革，笔画少的增加几笔，笔画多的减少几笔，方者使其圆，圆者使其方，成隶书三千字。奏报给秦始皇后，始皇赞赏不已，让程邈出狱，并任命他为御史，由他负责规范、推广文字。

②史籀（zhòu）大篆（zhuàn）：据《汉书·艺文志》，史籀是周宣王时太史，相传著《大篆》十五篇以教授学童。

【译文】

在中国文字进化过程中，据说史籀创制大篆，程邈创制隶书。

王承鱼盗[①]，丙吉牛喘[②]。

【注释】

①王承鱼盗：王承，字安期。弱冠知名，清虚寡欲。据《晋书·王承列传》，王承为东海太守时，为政清简，不苛求细节。有个小吏偷了官衙水池中的鱼，主簿要求追查。王承说："周文王的园林与众人共享，一条鱼有什么可惜呢？"有人违禁夜行，被吏卒捉拿。

王承问原因,那人回答说:"跟老师读书太投入,没有注意到天黑了。"王承说:"惩罚一个热爱读书的人来树立威名,这不是用政治教化民众的方法。"王承不但没有惩罚他,还派吏卒护送这个书生回家。

②丙吉牛喘:丙吉,字少卿,鲁国(治今山东曲阜)人。汉宣帝时为丞相,为"麒麟阁十一功臣"之一。据《汉书·丙吉传》,一次,丙吉外出,路上有人群殴,死伤横道,丙吉经过却不加过问。再往前走,遇到一个人牵牛赶路,牛吐着舌头,气喘吁吁。丙吉停下车,让骑吏去问:"你牵着牛走几里路了?"有人嘲笑丙吉做事糊涂,丙吉说:"民众争斗造成死伤,长安令和京兆尹会对他们进行查禁和追捕,所以这不是丞相应过问的小事。可是现在正值春天,天气不应该太热,牛却热成那样。我怕节气时令失调,这样会引起灾害啊!丞相作为三公,职责是调和阴阳,所以我才去询问!"

【译文】

王承为政宽容,以周文王园林为榜样,不惩罚偷鱼的人;丙吉见牛热得直喘,担心时令失调,赶紧加以过问。

贾琮褰帷①,郭贺露冕②。

【注释】

①贾琮(cóng)褰(qiān)帷(wéi):贾琮,字孟坚,东郡聊城(今山东聊城)人。曾任冀州刺史、交趾刺史、度辽将军,为政清廉。据《后汉书·贾琮列传》,灵帝时,贾琮被任命为冀州刺史。依据旧典,刺史上任,坐的车要用三匹马拉,车四周还要围上红色的帷帐加以遮掩,下属要到州界迎接。贾琮上车时说:"刺史应当远视广听,扬善惩恶。怎么可以闭目塞听,用帷帐把自己围起来呢?"于是命驾车的人把帷帐拉开,各地官吏知道后非常震惊。那些贪赃

枉法者,望风辞官而去。褰帷,撩起帷幔。指官吏为政廉洁清明。

② 郭贺露冕(miǎn):郭贺,字乔卿,洛阳(今河南洛阳)人。注重名节,不仕王莽。据《后汉书·郭贺列传》,汉显宗巡视南阳,对郭贺特为赞赏,赐以三公的服饰,官衣官帽制作精良,花纹精美。命令他巡视属地时撤掉车上的帷帐,让百姓一睹服饰与尊容,以表彰郭贺的德行。每经过一地,官吏和民众都会指着他相互提醒,大家都觉得他风光无限。后来官拜河南尹,治理政事以清静无为著称。

【译文】

贾琮任冀州刺史,打开车上帷幔,以示自己远视广听、扬善惩恶的决心;汉显宗赏赐给郭贺精美服饰,并要求出行时露出冠冕,以便百姓观瞻仰慕。

冯媛当熊①,班女辞辇②。

【注释】

① 冯媛(yuàn)当熊:冯媛,汉元帝的冯昭仪,左将军冯奉世之女,汉平帝的祖母。据《汉书·外戚传·孝元冯昭仪》,建昭年间,元帝临幸虎圈观看斗兽,后宫陪侍。突然一头熊从虎圈里逃了出来,攀着护栏就往殿上跳。左右吓得一哄而散,只有冯媛径直向前,当熊而立。熊被侍卫们杀死后,元帝问冯媛为什么这样做,冯媛回答说:"猛兽抓到人就会停下来,我担心熊伤害皇上,所以就用身子挡住熊。"元帝非常感慨,对冯媛更为敬重。当,面对着。

② 班女辞辇(niǎn):班女,孝成帝的班婕妤,越骑校尉班况之女。少有才学,善辞赋,成帝继位之初就入选后宫,始为少使,不久立为婕妤,人称班婕妤。据《汉书·外戚传·孝成班婕妤》,成帝在后庭游玩,想和班婕妤同乘一辆辇车。班婕妤拒绝同乘,说:"翻看古书,那些贤圣之君,都会有名臣在侧;而三代的亡国之君,总是

宠幸貌美的女子。今天您和我乘坐同一辆辇车,那岂不是和亡国之君的做法一样了吗?"太后知道后很高兴,说:"古有樊姬劝楚庄王不要玩物丧志以废国事,今有班倢伃。"

【译文】

冯媛为了救皇上,直接站在熊的对面;班倢伃拒绝和皇上同乘一辆辇车,以提醒他重贤臣远女色。

王充阅市^①,董生下帷^②。

【注释】

①王充阅市:王充,字仲任,会稽上虞(今浙江上虞)人。王充少年丧父,乡里称孝。后到京师,受业太学,师事班彪。撰写《论衡》八十五篇。据《后汉书·王充列传》,王充家贫无书,经常去洛阳集市,阅读集市上所卖之书,一遍过后就能背诵。因此学问渊博,通晓诸子百家以及各行各业的思想。

②董生下帷(wéi):董生,指董仲舒,广川(今河北景县)人。汉武帝下诏征求治国方略,董仲舒提出"天人感应""大一统"学说和"罢黜百家,表章六经"的主张,深受武帝赞赏。著有《春秋繁露》。据《汉书·董仲舒传》,董仲舒年轻时研究《春秋》,汉景帝时为博士。下帷讲诵,弟子们按入学时间的先后顺序相互传授学业,有的学生甚至都没有见到董仲舒。董仲舒足不出户,三年没有看过园中景色,专心治学,进退容止,非礼不行,学生们都非常尊重他。下帷,放下帷幕,指专心教学或读书。

【译文】

王充翻阅集市售卖之书,过目成诵;董仲舒下帷讲学,三年不窥园。

平叔傅粉^①,弘治凝脂^②。

【注释】

①平叔傅（fù）粉：平叔，指何晏，字平叔，南阳宛县（今河南南阳）人。东汉大将军何进之孙。何晏父亲早丧，司空曹操纳其母尹氏为妾，他因而被收养，为曹操所宠爱。何晏娶曹操的女儿金乡公主为妻，任吏部尚书、驸马都尉之职。据《世说新语·容止》，何晏相貌俊美多姿，面容细腻洁白，魏明帝怀疑他傅了粉，在夏天请他吃热汤饼。何晏吃得大汗淋漓，用衣服拭汗，仍然白净。傅粉，在脸上抹粉。

②弘治凝（níng）脂：弘治，指杜乂，字弘治，京兆杜陵（今陕西西安）人。成恭皇后之父，镇南将军杜预之孙，尚书左丞杜锡之子。据《晋书·外戚列传·杜乂》，杜乂性格纯厚温和，容貌俊美，有盛名。王羲之见了杜乂，赞叹说："肤若凝脂，眼如点漆，真是神仙一样的人啊！"桓彝也说："卫玠精神清爽，杜乂相貌清秀。"凝脂，凝固的油脂。形容皮肤或器物洁白柔润。

【译文】

何晏脸色白净，面若傅粉；杜乂姿容俊美，肤若凝脂。

杨宝黄雀①，毛宝白龟②。

【注释】

①杨宝黄雀：杨宝，弘农华阴（今陕西华阴）人。隐居民间，以教书为生，是名士杨震的父亲。据《续齐谐记》，杨宝九岁那年至华阴山北，看到一只黄雀被鸱枭啄伤，掉在树下，并被一群蝼蚁围困。杨宝把黄雀带回家精心喂养，待黄雀羽翼重新丰满后将它放飞。当天夜里有一个黄衣童子，向杨宝拜了两拜，说："我是西王母的使者，前些日子受伤，承蒙您仁爱拯救，感激不尽。"黄衣童子拿出来四枚玉环，送给杨宝，说："您的子孙品德高洁，这四枚玉环能

让他们位至三公。"其子孙名家辈出,有杨震、杨秉、杨赐、杨彪等人位至三公。

②毛宝白龟:毛宝,字硕真,荥阳阳武(今河南原阳)人。咸康五年(339),毛宝防守邾城,城池被攻陷。毛宝率左右突围出城,有六千人淹死在长江里,毛宝也溺水而死。据《晋书·毛宝列传》,起初,毛宝在武昌时,有一个士兵在集市买了一只白龟饲养。待白龟长大后,就把它放生到长江里。邾城战败,这个士兵身披铠甲,手持利刃,要投江而死。跳进长江后,感觉落在一块石头上,低头一看,竟然是先前饲养的那个白龟。这只白龟把他送到长江东岸,因此免于一死。

【译文】

杨宝救治一只黄雀,黄雀报恩,让其一家四代位居三公高位;毛宝的士兵养一只白龟,这个士兵投江时被白龟救了一命。

宿瘤采桑①,漆室忧葵②。

【注释】

①宿瘤(liú)采桑:宿瘤,指齐国东郭采桑女,是齐闵王的王后,因为脖子上长了一个大瘤子,人称宿瘤。据《列女传》,起初,齐闵王出游,来到东郭,百姓们纷纷观看,只有宿瘤采桑如故。齐王很奇怪,就问她原因,宿瘤回答说:"父母让我来采桑,没有让我来看大王您!"齐王说:"真是个奇女子啊,可惜长了个大瘤子!"宿瘤说:"我忠于职守,安排给我的事情都专心做好,一个大瘤子有什么妨碍呢?"齐王大悦,说:"这真是一个贤德的女子啊!"于是派使者带上聘礼,外加一百镒金,聘迎宿瘤女。

②漆室忧葵:漆室,春秋鲁邑名。这里指漆室女。据《列女传》,鲁穆公执政时,穆公年老而太子未成年。鲁国漆室邑有个女子非常

忧虑,倚在门前廊柱上高声长啸。邻妇笑她多虑,女子说:"拴在园子里的马,一旦缰绳松开,马就会踩坏家里的葵菜,全家一年都会没有葵菜吃。一旦鲁国有祸患,君臣父子都会受辱,祸及广大民众,无人能幸免于难。"三年后,鲁国果然发生内乱,齐、楚两国趁机来攻。男人都要参加战斗,妇女则运输战备到前线,所有人都得不到休息。

【译文】

宿瘤女专心采桑,哪怕是齐王的车驾来到,也不看一眼;漆室女担心鲁国有祸患,所有人都要跟着遭殃,就像马脱缰后,葵菜会被踩坏。

韦贤满籯①,夏侯拾芥②。

【注释】

①韦贤满籯(yíng):韦贤,字长儒,鲁国邹邑(今山东邹城)人。据《汉书·韦贤传》,韦贤为人质朴,清心寡欲,笃志于学,通晓《礼记》《尚书》,讲学《诗经》,号称邹鲁大儒。韦贤的小儿子韦玄成,字少翁,爱好学习,继承父亲衣钵,谦逊有礼,尊重下士,和父亲一样因为明晓经学而不断升职至丞相位置。邹鲁一带有谚语说:"遗子黄金满籯,不如一经。"籯,竹笼。

②夏侯拾芥(jiè):夏侯,指夏侯胜,字长公,东平(今山东东平)人。自幼勤学,为人质朴,操守正直,平易近人。据《汉书·夏侯胜传》,夏侯胜每次讲学,都要对学生说:"儒生最大的问题在于对经学理解不透,一旦把经学吃透,出仕做官就像弯腰捡拾一棵小草那样容易了。学经不明,不如归耕!"起初,夏侯胜教太后学习《尚书》。夏侯胜去世后太后赐钱二百万,并为他穿了五天的孝,以报师恩。这事被儒者们引以为荣。拾芥,拾取地上的小草,比喻事情轻易即可实现。芥,小草。

【译文】

韦贤的儿子韦玄成继承父亲儒业，明经出仕，胜过继承万贯家产；夏侯胜劝诚儒生努力学习经学，以便轻松出仕。

　　阮简旷达①，袁耽俊迈②。

【注释】

①阮（ruǎn）简旷达：据《世说新语·任诞》刘孝标注引《竹林七贤论》，阮简是阮咸的侄子，以旷达不拘礼节自居。阮简父亲去世的时候，天下大雪，天寒地冻。阮简无视守丧礼仪，到浚仪县令家拜访。县令为别的客人准备的食物，被阮简大快朵颐。阮简的做法引来了非议，以致将近二十年的时间里，无人任用他。

②袁耽（dān）俊迈：袁耽，字彦道，陈郡阳夏（今河南太康）人。少年有才华，赌术高超，自由倜傥，不受世俗礼仪羁绊，为士人们称赞。据《晋书·袁耽列传》，桓温年轻时，与人赌博，家产输尽尚不足偿还赌债。于是去找袁耽帮忙，袁耽虽然正在服丧，但没有一丝为难就应允下来。袁耽换下孝服，把布帽揣在怀里，跟着桓温去找债主赌钱。债主知道袁耽的名声但不认识他，说："你总比不过袁彦道吧！"于是双方开局赌钱，十万一注，直到百万一注。袁耽押上筹码大声呼叫，从怀里摸出布帽扔在地上，说："现在认识袁彦道了吧！"袁耽旷达不拘小节到这种程度。

【译文】

阮简旷达，不拘礼节；袁耽自由倜傥，不受俗礼羁绊。

　　苏武持节①，郑众不拜②。

【注释】

①苏武持节：苏武，字子卿，杜陵（今陕西西安）人。父亲苏建曾三次跟随大将军卫青出击匈奴，立下战功。据《汉书·苏武传》，汉武帝时，苏武以中郎将身份，手持汉节出使匈奴。单于招降苏武，被拒后将他幽禁在大窖中，断绝饮食。天下大雪，苏武以毡毛就雪吃，过了好多天，勉强没有被饿死。匈奴人以为有神相助，就将苏武流放到北海没有人烟的地方，让他在那里放牧公羊，除非公羊生小羊，否则不许回来。苏武毫不屈服，在北海牧羊不忘汉朝，睡卧起坐汉节不离手，以至于节旄尽落。十九年后，苏武终得返汉，去的时候身强力壮，回来的时候须发尽白。

②郑众不拜：郑众，字仲师，河南开封（今河南开封）人。东汉经学家，名儒郑兴之子。郑众致力于学习，当世知名。为区别于汉末经学家郑玄，后世称郑众为先郑。据《后汉书·郑众列传》，永平八年（65），汉明帝派郑众手持符节出使匈奴。郑众到匈奴后，匈奴让他下拜，郑众不为之屈膝。单于大怒，派兵将郑众住的地方围困起来，不供给水火，想胁迫郑众屈服。郑众拔刀发誓，单于害怕，不再威逼，并放郑众回到汉朝。后来皇帝接见匈奴派来的使者，询问当时郑众与单于争执的情况，都说郑众当时意气壮勇，就算和苏武相比也有过之而无不及。

【译文】

苏武被匈奴扣留，在北海牧羊十九年，不忘手持汉节；郑众出使匈奴，不向单于屈膝下拜。

郭巨将坑①，董永自卖②。

【注释】

①郭巨将坑：据《搜神记》，东汉郭巨，家境贫寒，奉养老母至孝。妻

子生下儿子后,考虑到无法一心一意奉养母亲,且老人喜欢将自己的食物分给孩子吃,郭巨想要把儿子埋了。掘地的时候,忽然挖出来一坛黄金,坛子上写着:"孝子郭巨,黄金一釜,用以赐汝。"

② 董永自卖:据《搜神记》,董永的父亲去世后,因为没有钱,董永就卖身为奴,借来钱安葬父亲。董永安葬完父亲后,在去债主家的路上,遇到一个女子请求做董永的妻子。董永就带着她一起拜见债主,债主让这个女子织一百匹缣来偿还债务。结果女子十天就把一百匹缣织好了,债主于是还董永自由。离开债主家后,女子和董永告别,说:"我是天上的织女,你的孝行感动了天帝,我是天帝派来帮你还债的。"说完凌空而去。

【译文】

郭巨为了能够奉养母亲,宁愿挖坑埋掉孩子;董永为了葬父,自愿卖身为奴。

仲连蹈海①,范蠡泛湖②。

【注释】

① 仲连蹈(dǎo)海:仲连,指鲁仲连,齐国人。善谋略,喜为人排忧解难,不肯仕宦。据《史记·鲁仲连邹阳列传》,鲁仲连在赵国游历的时候,正赶上秦国围攻赵国都城邯郸。魏国派客籍将军辛垣衍到赵国,准备劝服赵国尊奉秦昭王为帝。鲁仲连于是求见赵国公子平原君,说:"魏国客人辛垣衍在哪里? 我将替您谴责他,并将他赶走。"平原君就引荐鲁仲连和辛垣衍见面,鲁仲连对辛垣衍说:"秦国摒弃礼义,崇尚杀伐,用权术驱使自己的士人,把民众当成奴隶。如果秦国称了帝,我鲁仲连就算投东海而死也不愿做秦国的子民。"于是辛垣衍再也不敢提尊秦为帝的想

法。蹈海，投海。

②范蠡（lǐ）泛湖：范蠡，字少伯，楚国宛地（今河南南阳）人。越国
大夫。据《史记·越王勾践世家》，范蠡事奉越王勾践，苦身勠
力，出谋划策二十余年，终于灭掉吴国，一洗当年在会稽山受到的
耻辱。范蠡认为盛名之下往往危机四伏，难以久居。更何况勾践
是可与共患难，难以共安乐的人，于是装上金银细软，带上身边关
系亲密之人泛舟江湖，一去不返。范蠡先到齐国，再到陶地，都积
累家产数千万，又都尽散家财。

【译文】

鲁仲连宁愿投东海而死，也不愿称秦为帝；范蠡功成身退，泛舟江湖。

文宝缉柳①，温舒截蒲②。

【注释】

①文宝缉柳：据《文选》李善注引《楚国先贤传》，孙文宝到洛阳求
学，他先在太学旁边找到一间小屋，将母亲安顿好，然后才入学学
习。因为家贫，文宝把杨柳编在一起做成书简，用来抄写经书。

②温舒截蒲：温舒，指路温舒，字长君，巨鹿东里（今河北广宗）人。
父亲是东里的监门。宣帝时，担任临淮太守，政绩优异。据《汉
书·路温舒传》，父亲安排路温舒去放羊时，他割下水中的蒲草，
截成简牍大小，用绳子将它们一片片地编在一起，在上面写字。

【译文】

孙文宝将柳条编在一起，做成书简，用来抄写经书；路温舒将蒲草截
成简牍大小，在上面写字。

伯道无儿①，嵇绍不孤②。

【注释】

①伯道无儿：伯道，指邓攸，字伯道，平阳襄陵（今山西襄汾）人。邓攸七岁丧父，不久后母亲与祖母也接连去世，服丧九年，以孝著称。据《晋书·良吏列传·邓攸》，西晋末年，永嘉之乱中，邓攸用担子担着自己的儿子和侄子邓绥逃难。考虑带两个孩子逃难，恐怕谁也无法活命，就和妻子商量说：“我弟弟去世得早，只留下这一个孩子，不能让弟弟绝后，只有把我们自己的孩子丢弃。如果有幸能活下来，我们以后还会再有孩子的。”妻子哭泣着同意，于是邓攸就把儿子抛弃了。邓攸抛弃儿子之后，妻子不再怀孕，终生没有子嗣。邓攸去世后，邓绥像儿子一样为他守孝。当时人们都称颂邓攸的义气，为他无子而悲愤。

②嵇（jī）绍不孤：嵇绍，字延祖，谯国铚县（今安徽宿州）人。据《晋书·忠义列传·嵇绍》，嵇绍的父亲嵇康与山涛关系友善。嵇康被杀前，对嵇绍说：“有山涛在，你不会成为孤儿的。”之后，山涛推荐嵇绍为秘书丞。嵇绍刚到洛阳的时候，有人对王戎说：“昨于稠人中始见嵇绍，昂昂然如野鹤之在鸡群。”尚书左仆射裴颜也非常器重嵇绍，常说：“如果让嵇绍当了吏部尚书，天下就不会有被埋没的人才了。”

【译文】

邓攸为了保全弟弟的血脉而放弃自己的儿子，终生再无子嗣；山涛可堪托孤，嵇康临死前跟儿子嵇绍说他不会成为孤儿。

绿珠坠楼①，文君当垆②。

【注释】

①绿珠坠楼：绿珠，晋代石崇歌姬。石崇，字季伦，累迁散骑常侍、征虏将军，封安阳乡侯。财产丰积，穷极奢靡。据《晋书·石崇列

传》，石崇的姬妾绿珠，娇美而艳丽，擅长吹笛。中书令孙秀知道绿珠貌美，派人来索要，石崇不肯。使者回去报告孙秀，孙秀大怒，假传圣旨前去逮捕石崇。石崇对绿珠说："我今天是因为你而获罪啊！"绿珠哭着说："我愿意当面以死相报！"于是跳楼而死。

②文君当垆（lú）：文君，指卓文君，蜀郡临邛（今四川邛崃）人。大商人卓王孙之女，后与司马相如私奔。司马相如，字长卿，善辞赋，有多篇名作传世。据《汉书·司马相如传》，司马相如到卓王孙家做客，酒喝到酣畅时为大家弹琴助兴，而暗暗用琴声挑逗新寡的卓文君。卓文君心生爱慕，夜里私奔到相如身边。二人在临邛，把车马全部卖掉，买下一家酒舍。卓文君当垆卖酒，司马相如则穿上短裤，与雇工以及打杂的伙计一起干活，亲自在市场上洗涤酒器。后来在同乡的推荐下，司马相如被汉武帝召见，被重用。垆，通"炉"。卖酒的柜台，可以热酒。

【译文】

石崇的姬妾绿珠才貌双全，被孙秀垂涎，最后坠楼而死；卓文君与司马相如私订终身，当垆卖酒。

伊尹负鼎①，宁戚叩角②。

【注释】

①伊尹（yǐn）负鼎：伊尹，商初大臣，助汤灭夏。汤的孙子太甲为帝时，不行君道，被伊尹放逐于桐宫。三年后，太甲悔过，伊尹于是迎太甲复位。据《史记·殷本纪》，伊尹想求见汤却没有门路，于是就给有莘氏当陪嫁的奴仆，背着锅鼎和砧板，以烹饪食物的道理来劝谏汤施行王道仁政。还有一种说法，汤知道伊尹是位有德行的君子，派人前去聘请，往返五次，伊尹才答应出仕。伊尹向汤谈论远古帝王以及三皇、五帝和大禹的事迹，汤于是请伊尹辅佐国

政。负鼎,背着做饭的鼎俎。后用以指辅佐帝王,担当治国之任。

②宁戚叩角:宁戚,春秋时齐国大臣。据《三齐略记》,宁戚原是卫国人,家里贫穷,靠给人拉车维持生计。一次拉车去齐国,夜里就睡在牛车下面。齐桓公夜里出门迎接客人,宁戚敲着牛角,高声唱道:"南山的岩石啊,白净灿烂;遗憾我生不逢时啊,时代不是尧舜相禅。我的短布单衣啊,仅及膝盖;从黄昏开始喂牛啊,直至夜半;这长夜如此漫长啊,何时才能到明天?"齐桓公听到路边的歌声,把宁戚召来问话,任用宁戚为大夫。

【译文】

伊尹做有莘氏的陪嫁奴仆,背着锅鼎和砧板劝谏成汤;宁戚叩牛角而歌,被齐桓公发现,做了大夫。

赵壹坎壈①,颜驷蹇剥②。

【注释】

①赵壹(yī)坎壈(lǎn):赵壹,字元叔,汉阳西县(今甘肃陇南)人。有代表作《刺世疾邪赋》。据《后汉书·文苑列传·赵壹》,赵壹身材魁梧,相貌超群,极富才华,因性格耿介狂放,恃才傲物,被同乡人排斥。多次获罪,差点儿被杀,多亏友人相救得以免死。起初,袁逢让擅长相面的人为赵壹看相,相面的人说:"赵壹仕途坎坷,做官不会高于郡吏。"果如其言。坎壈,困顿,坎坷。

②颜驷(sì)蹇(jiǎn)剥:据《汉武故事》,汉武帝幸临郎官的署舍,见到一个年纪很大的郎官,头发胡子都白了。武帝就问:"你当郎官多久了?为什么年纪这么大了还仅仅是个郎官?"那人回答说:"臣姓颜名驷,文帝时为郎。文帝好文而臣好武,景帝好老而臣尚少,陛下好少而臣已老,所以三朝都没有遇到机会,不能升迁。"武帝被他感动,提拔他为会稽都尉。还有一个版本说"景帝

好美臣貌丑"。寒剥,时运不济。

【译文】

赵壹恃才傲物,疾恶如仇,所以仕途坎坷;颜驷时运不济,三朝都没有得到提拔升迁。

龚遂劝农^①,文翁兴学^②。

【注释】

① 龚(gōng)遂劝农:龚遂,字少卿,山阳南平阳(今山东邹城)人。以明经为官。据《汉书·循吏传·龚遂》,汉宣帝时,渤海附近的郡县闹饥荒,盗贼并起。宣帝任命龚遂为渤海太守前去止息叛乱。龚遂到渤海郡后,发布公告要求各属县停止缉捕盗贼,凡持锄头、镰刀等农具的人都算良民,官吏不得追究过问;只有坚持拿着兵器不放下的人,才算盗贼。于是集结的饥民和贼盗纷纷解散,叛乱平息。龚遂规劝民众耕地种田,植桑养蚕,于是百姓富裕,没有牢狱诉讼之事。劝农,鼓励农耕。

② 文翁兴学:文翁,庐江舒县(今安徽庐江)人。西汉循吏。年少时爱好学习,通晓《春秋》。据《汉书·循吏传·文翁》,景帝末年,文翁为蜀郡太守。文翁个性仁爱,爱好教化百姓。文翁见蜀地位置偏僻,风俗陋习较多,有蛮夷风气,想要改善这里的习俗。选派郡县中开明聪敏有才华的小吏到京师长安,向博士学习儒学。还在成都市中修建学宫,招收成都下县的子弟来学习,为其免除税负和徭役。成绩优秀者作为郡县官吏的后备,差一些的则让他们担任孝悌、力田这样的乡官。蜀地风俗因此大为改观,从蜀地到京师学习者的数量堪比齐鲁。巴蜀之地喜好文雅,都是文翁教化遗风。

【译文】

龚遂规劝渤海郡民众重视农业,耕地种田,植桑养蚕;文翁在成都兴办学校,提升当地文化,革除陋习。

晏御扬扬^①,五鹿岳岳^②。

【注释】

①晏(yàn)御扬扬:晏,指晏婴,字仲,谥平,人称晏平仲,齐国夷维(今山东高密)人。事齐灵公、庄公、景公三朝,节俭力行,能言善辩。据《史记·管晏列传》,晏婴为齐国国相。一次外出时,晏婴车夫的妻子从门缝向外看。她的丈夫为晏婴驾车,一副得意扬扬的样子。车夫回家后,妻子提出离婚,说:"晏婴身高不足六尺,而身为齐相,名显诸侯。可是我看他出行时,志向和思想深沉,待人谦卑有礼而不居高临下。而你呢,身高八尺,仅仅是别人的车夫,却一副志得意满的样子,我要和你离婚。"车夫从此改变自己,谦逊待人,谨慎做事,被晏婴推荐为大夫。御,驾驶车马者。扬扬,得意貌。

②五鹿岳岳:五鹿,指五鹿充宗,字君孟,《齐论语》和《梁丘易》的传人。参加经学和易学的辩论,舌战群儒,被朱云折服。据《汉书·朱云传》,五鹿充宗担任少府之职,被汉元帝宠幸,研究《梁丘易》。汉元帝让五鹿充宗与其他《易经》学者论辩。五鹿充宗因为身份地位显贵而且口才很好,儒生们没有人敢和他辩论。汉元帝召朱云进宫来辩,朱云提起衣服下摆,昂首环顾,声音浑厚洪亮,震动左右。论辩开始,朱云接连反驳五鹿充宗。儒生们评价说:"五鹿岳岳,朱云折其角。"岳岳,动物的角高大的样子。因为五鹿充宗的姓里带一个"鹿"字,所以这里用"鹿角"比喻五鹿充宗的才华。

【译文】

晏婴的车夫趾高气扬,被妻子教育;五鹿充宗的"鹿角"很长,被朱云折断。

萧朱结绶①，王贡弹冠②。

【注释】

①萧朱结绶（shòu）：萧，指萧育，字次君，东海兰陵（今山东兰陵）人。相国萧何八世孙。汉哀帝时为光禄大夫、执金吾。朱，指朱博，字子元，杜陵（今陕西长安）人。据《汉书·萧育传》，萧育与陈咸、朱博为友，萧育和陈咸为公卿子弟，名声很大。陈咸最先为官，十八岁为左曹，二十余岁官至御史中丞。当时朱博仅为杜陵亭长，被萧育和陈咸引荐，得以在贵戚王氏门下任职。后来官至九卿。当时长安流传一句话："萧、朱结绶，王、贡弹冠"，是说他们互相举荐。结绶，佩系印绶，指出仕为官。

②王贡弹冠：王，指王阳，一作王吉，字子阳，琅邪皋虞（今山东即墨）人。年轻时热爱学习，通晓儒家经典。贡，指贡禹，字少翁，以通晓经典、行为廉洁而闻名，官至御史大夫。据《汉书·王吉传》，汉宣帝时王阳为谏大夫，与同郡贡禹为友。王阳被提拔为益州刺史，贡禹很高兴，掸去帽子上的灰尘，等着王阳推荐自己。没有多久，王阳就向汉成帝推荐了贡禹，世称"王阳在位，贡公弹冠"。弹冠，弹去冠上的灰尘。比喻准备出仕做官。

【译文】

萧育与朱博为友，萧育当官后，推荐朱博出仕为官；王阳和贡禹为友，王阳当官后，贡禹弹去冠上的灰，准备出仕。

庞统展骥①，仇览栖鸾②。

【注释】

①庞统展骥（jì）：庞统，字士元，荆州襄阳（今湖北襄阳）人。初与诸葛亮齐名，号称"凤雏"。据《三国志·蜀书·庞统传》，刘备

统领荆州时,庞统以州从事的身份代行耒阳令。在位不谋其政,被免官。鲁肃给刘备写信说:"庞士元的志向和能力不是区区一个百里小县所能满足的,让他担任治中、别驾这样的职务,始当展其骥足耳!"诸葛亮也将庞统推荐给刘备。刘备于是格外器重庞统,任他为治中从事,亲密程度仅次于诸葛亮。展骥,良马驰骋奔腾。比喻优秀人才有机会发挥才能。骥,好马。

②仇(qiú)览栖(qī)鸾(luán):仇览,字季智,亦名仇香,陈留考城(今河南兰考)人。淳朴寡言,不为乡人了解。后入太学,为学者符融、郭泰所推重。据《后汉书·循吏列传·仇览》,考城县令王涣施政严猛,听闻仇览以德化人,任他为主簿。王涣问仇览:"之前有个叫陈元的人不孝,你不治他的罪反而感化他,岂不是少了鹰鹯追逐鸟雀的威慑力?"仇览说:"我认为用鹰鹯之威猛教育人,不若用鸾凤之德感化人。"王涣向仇览道歉,说:"枳棘非鸾凤所栖,我这区区百里地方不应该是大贤的出路。"于是资助仇览入太学学习。

【译文】

庞统能力超群,只有担任治中、别驾这样的职务,才有可能让他一展才能;王涣认为仇览有鸾凤之德,应该有更大的发展空间,于是资助他入太学学习。

葛亮顾庐①,韩信升坛②。

【注释】

①葛亮顾庐:葛亮,指诸葛亮,字孔明,琅邪阳都(今山东临沂)人。人称"卧龙"。刘备三顾茅庐,请其出山。刘备称帝后,诸葛亮任丞相。据《三国志·蜀书·诸葛亮传》,刘备病情严重,召见诸葛亮安排后事,诸葛亮泪流满面,说:"臣一定会竭尽全力辅佐,极尽忠诚,死而后已!"刘备又下诏告诫后主说:"你与丞相共事,要事

之如父。"从此,政事无论大小,都由诸葛亮决定。诸葛亮曾上疏后主,说:"臣本布衣,躬耕于南阳,苟全性命于乱世,不求闻达于诸侯。先帝不以臣卑鄙,猥自枉屈,三顾臣于草庐之中,咨臣以当世之事。"

②韩信升坛:韩信,淮阴(今江苏淮安)人。汉初三杰之一,后因功高见疑,被吕雉及萧何合谋处死。据《史记·淮阴侯列传》,起初,韩信家境贫寒,品行不端,所以没有机会当官。先依附项羽,后归顺汉王刘邦,但是刘邦并不看好他。只有萧何确信韩信是位奇才,萧何对刘邦说:"诸将易得,至于韩信,国士无双。汉王若想争天下,一定要与韩信计议大事。"于是刘邦听信萧何的建议,选择良辰吉日,诚心斋戒,设置高坛,谨遵礼节,拜韩信为大将。

【译文】

诸葛亮躬耕于南阳时,刘备三顾茅庐请他出山;韩信在萧何的推荐下,被刘邦设高坛拜为大将。

王裒柏惨①,闵损衣单②。

【注释】

①王裒(póu)柏惨:王裒,字伟元,城阳营陵(今山东昌乐)人。少有操守,博学多能。据《晋书·孝友列传·王裒》,王裒的父亲王仪高风亮节,气度优雅,为人正直,晋文帝时担任司马之职,却因直言被杀。王裒悲痛于父亲死得冤枉,从此坐下时不再面向西方,以示自己不再做晋朝臣子的决心。王裒在父亲的墓旁筑庐而住,早晚都要到父亲墓前拜跪,手攀柏树悲泣哭号。眼泪落在树上,树为之枯萎。王裒母亲生前惧怕雷声,母亲去世后,每次打雷王裒就到墓前,和母亲说:"儿子在这里!"

②闵(mǐn)损衣单:闵损,字子骞,春秋末期鲁国人。在孔门中以

德行著称,孔子曾称赞他说:"孝哉,闵子骞! 人不间于其父母昆弟之言。"据旧注,闵损母亲去世得早,父亲娶后妻,又生了两个儿子。后母不喜欢闵损,冬天给自己的亲生儿子穿厚厚的棉衣,而给闵损穿芦花做的"棉衣"。一天,闵损用车拉着父亲外出,因为天气太冷,拉车的绳子从肩膀上滑落,闵损冻得捡不起来。父亲知道事情原委后,打算休掉后妻。闵损哭着劝父亲:"母在一子寒,母去三子单。"父亲被闵损说服,后母也后悔自己的所作所为,痛改前非。

【译文】

王裒想念父亲,攀着坟上的柏树悲泣哭号,柏树为之枯萎;闵损被后母虐待,就算冬天穿的衣服很单薄,也毫无怨言。

蒙恬制笔①,蔡伦造纸②。

【注释】

①蒙恬(tián)制笔:蒙恬,秦朝将领。战功赫赫,修筑长城,威震匈奴。按《初学记》的说法,《博物志》载:"蒙恬造笔。"不过《尚书中侯》记载:"有玄龟背负天下地形图自洛水出,周公执笔用当时的文字将它抄写出来。"《曲礼》也说:"诸侯会盟时,史官都会带笔参加。"这都说明秦朝之前已经有笔了。可能各诸侯国并没有为笔起一个统一的名字,只有秦国将它的名字统一了。蒙恬对笔进行了改进,而不是发明了它。所以许慎《说文解字》说:"楚国称它为聿,吴国称它为不律,燕国称它为拂,秦国称它为笔。"

②蔡伦造纸:蔡伦,字敬仲,宦官。汉和帝时,蔡伦任中常侍,加封尚方令,主管制作御用器物,做工精良,坚固细密,被后世效法。据《后汉书·宦者列传·蔡伦》,自古以来书籍都是将竹简编在一起,那些用绢帛制作的被称为纸。绢帛昂贵而竹简沉重,使用起

来并不方便。蔡伦就用树皮、麻头、破布和鱼网来造纸。纸造出来后,呈给皇帝御览,皇帝嘉赏蔡伦的能力,自此以后这种纸天下通用,人们称其为蔡侯纸。

【译文】

传说笔是蒙恬发明的,而纸则是由蔡伦研制发明。

孔伋缊袍①,祭遵布被②。

【注释】

①孔伋(jí)缊(yùn)袍:孔伋,字子思,孔子嫡孙,孔鲤之子。受业于孔子的学生曾参,是"四书"之一《中庸》的作者,后世尊为"述圣"。据《说苑·立节》,子思在卫国时,生活贫寒,穿的旧袍子没有里衬。田子方知道后,派人送来一件狐白裘衣,担心子思不接受,就特意跟他说:"我借给别人东西,一转身就忘了;我送给别人东西,就像是丢弃了它。"子思辞而不受,说:"我听人家说过,随便给人东西还不如把它们当废物直接扔到沟里。我虽然贫困,不忍心把自己当成沟壑让人随便往里扔东西,所以我不敢接受您的馈赠。"缊袍,破旧的袍子。缊,乱麻,旧絮。

②祭(zhài)遵布被:祭遵,字弟孙,颍川颍阳(今河南许昌)人。执法严明,以功封列侯。据《后汉书·祭遵列传》,祭遵少年时期就热爱学习儒家经典,家庭富有但是为人谦恭节俭。随从汉光武帝刘秀平定河北,拜征虏将军。祭遵为人廉洁谨慎,克己奉公,赏赐全部分给士卒,家无私财。穿皮衣皮裤,盖布被子,夫人的衣裳不加花边修饰,受光武帝器重。

【译文】

孔伋虽然衣服破旧,但是不愿接受别人的馈赠;祭遵家庭富有,但是节俭奉公,只盖简单的布被子。

周公握发①,蔡邕倒屣②。

【注释】

①周公握发:周公,姬姓,名旦,因其采邑在周,爵为上公,故称周公。是周文王姬昌第四子,周武王姬发之弟,孝悌仁厚。据《史记·鲁周公世家》,武王去世后,周公辅佐年幼的成王,而让儿子伯禽去鲁国,代替自己受封。临行,周公告诫伯禽说:"我,是文王的儿子,武王的弟弟,成王的叔叔。对于全天下的人来说我的地位很高了,然而我洗头时经常要握住头发,停下来和贤人谈话;吃饭时经常要把嘴里的饭吐出来,着急和贤人交流,就算这样还担心错失天下的贤士。你到了鲁国,千万不要因为自己是鲁国国君而傲慢待人。"

②蔡邕(yōng)倒屣(xǐ):蔡邕,字伯喈,陈留圉县(今河南杞县)人。少年博学,爱好写文章、数学、天文,精通音律,擅长弹琴。闲居在家,赏玩古籍,不与当世人结交。据《后汉书·蔡邕列传》,蔡邕为中郎将,位高权重,以才能与学问著称。来拜访蔡邕的达官贵人很多,屋里坐满了宾客。听说王粲要来了,蔡邕"倒屣迎之"。王粲进来后,客人们看他年纪轻轻,个头矮小,都很吃惊。蔡邕说:"王粲有异才,我不如他。我家的书籍文章,应当都送给他。"倒屣,倒穿着鞋。形容主人热情待客,匆忙中把鞋子都穿反了。

【译文】

周公求贤若渴,若有贤人来访,就算正在洗头,也要握着头发停下来交谈;蔡邕尊重贤才,听闻王粲来访,赶紧出门迎接,匆忙中把鞋子都穿倒了。

王敦倾室①,纪瞻出妓②。

【注释】

①王敦（dūn）倾室：王敦，字处仲，琅邪临沂（今山东临沂）人。娶晋武帝司马炎的女儿襄城公主为妻，拜任驸马都尉。据《晋书·王敦列传》，王敦曾沉迷于女色，身体受到损害。亲近的人规谏他节制一些，王敦说："这事儿容易办到！"于是打开后阁门，直接把数十名婢女全部从家里放出去。当时人们都惊异叹服。倾，倾空。

②纪瞻（zhān）出妓：纪瞻，字思远，丹杨秣陵（今江苏南京）人。据《世说新语·任诞》刘孝标注引《晋纪》，王遵与周颛等一众官员到尚书纪瞻家看他家的一名家妓。纪瞻的这位家妓，能唱一些新鲜的乐曲。周颛当着众人调戏她，污秽不堪，没有一点羞愧的神色。有人向皇帝上奏弹劾周颛沉湎于荒诞淫乱，后来被下诏原谅。

【译文】

　　王敦身边的人劝他不要沉迷女色，王敦就把家里所有的婢女放掉了；纪瞻把自己的家妓展示给别人看，结果被周颛调戏。

　　暴胜持斧①，张纲埋轮②。

【注释】

①暴（bào）胜持斧：暴胜，指暴胜之，字公子。尝荐隽不疑，有知人之誉。据《汉书·隽不疑传》，汉武帝末年，郡国盗贼群起，暴胜之被任命为直指使者，身穿绣衣，手持斧头，逐捕盗贼，并监察各郡国的治理情况。暴胜之的执法范围一直到东部沿海，对违抗命令者用严厉的军法惩处，一时威震州郡。持斧，手持斧头，后指皇帝特派的执法大臣。

②张纲埋轮：张纲，字文纪，犍为武阳（今四川彭山）人。少明经学，征辟为御史。据《后汉书·张纲列传》，汉顺帝时，朝廷派遣八位使者考察民间风俗，他们都是举世闻名的大儒，大多在显要位置

任职。只有张纲年少,职位最低微。其他人都受命到任,而张纲独自将车轮埋在洛阳都亭,说:"豺狼一样的奸佞当道,为什么要拿狐狸一样的小混混开刀?"于是启奏皇上,弹劾大将军梁冀等人十五件欺君罔上之事,整个京师为之震惊恐惧。埋轮,埋车轮于地,以示坚守不妥协。

【译文】

暴胜之手持斧头,身穿绣衣,到各郡国追捕盗贼;张纲将车轮埋在洛阳都亭,以示不向奸佞妥协。

灵运曲笠①,林宗折巾②。

【注释】

①灵运曲笠(lì):灵运,指谢灵运,会稽(今浙江绍兴)人。博览群书,工诗善文,兼通史学。据《世说新语·言语》,谢灵运喜欢戴曲柄斗笠,隐士孔淳说:"你既然内心仰慕高洁旷远的情操,为什么离不开像高官车驾上的华盖一样的斗笠呢?"谢灵运回答说:"恐怕害怕影子的人,会一直记着影子吧!"意思是自己无意于权贵,而孔淳内心不能割舍权贵,总把外物和权贵关联。暗讽孔淳名义上为隐士,内心总不忘权贵。

②林宗折巾:林宗,指郭泰,字林宗,太原介休(今山西介休)人。博通典籍,以孝著称。为避党锢之祸,闭门教书,弟子数千。据《后汉书·郭泰列传》,郭林宗善于知人,爱褒奖提携士人。他魁梧伟岸,常穿宽松的衣服,系宽大的衣带,周游于各个郡国。郭林宗曾经在陈、梁一带行路,突遇大雨,头巾的一角因为淋湿而下垂,当时人们就故意将头巾的一角向下折,称为"林宗巾",人们对他的仰慕到了这样的程度。

【译文】

谢灵运喜欢戴曲柄斗笠，并非倾心权贵；郭林宗头巾一角下折，成为流行时尚。

屈原泽畔，渔父江滨^①。

【注释】

①屈原泽畔（pàn），渔父（fǔ）江滨：屈原，名平，战国末期楚国人。忠君爱国，却屡遭排挤，被流放于湘沅之间。据《史记·屈原贾生列传》，屈原与楚国王室同姓，因博闻强识、擅长辞令，担任楚怀王左徒之职。商议国事，制订宪令，深得楚王信任。后来因为小人陷害，楚王一怒之下将屈原放逐。屈原忧伤国事，作《离骚》。行至江滨，披发行吟泽畔，颜色憔悴，形容枯槁。渔父在江边见到被流放的屈原，问："你是三闾大夫屈原吗，怎么在这里？"屈原说："举世混浊而我独清，众人皆醉而我独醒，所以被流放。"渔父说："圣人不会一成不变地拘泥于一个事物，而是能随着社会的变化而改变自己。举世混浊，你为什么不随波逐流呢？众人皆醉，你为什么不趁机捞些残羹剩酒吃呢？你为何要怀抱美玉一般高洁的理想不放，而让自己被放逐呢？"屈原说："我听说，新沐者必弹冠，新浴者必振衣。谁愿意将自己清清白白的身体，被外界污染呢？我宁愿跳进长江，葬身鱼腹，也不愿让自己高洁的品格被世俗的泥淖所污染！"于是作《怀沙》赋，怀抱石头投汨罗江而死。

【译文】

屈原被放逐后，在江畔行吟，渔父劝他向社会妥协，但屈原宁死不从。

魏勃扫门^①，潘岳望尘^②。

【注释】

①魏勃扫门：魏勃，西汉齐国中尉，受齐王信任，在平定诸吕之乱中起过重要作用。据《史记·齐悼惠王世家》，魏勃年轻时，想要求见齐相曹参，但家贫没有背景，也没有关系可以疏通。就每天早上一个人，天不亮就到曹参舍人家门外，帮这个舍人扫地。舍人很奇怪，特意让守门人询问原因。魏勃说："我想拜见相君曹参，却没有门路，所以为您打扫，希望您能给予引荐。"于是舍人接见魏勃并把他引荐给曹参，曹参任用魏勃为舍人。

②潘岳望尘：潘岳，字安仁，荥阳中牟（今河南中牟）人。美姿仪，少以才颖见称，善辞赋。据《晋书·潘岳列传》，潘岳任黄门侍郎，性格轻浮急躁，热衷追逐权势与利益，与卫尉石崇等人谄媚巴结权臣贾谧。每次在贾谧出门的时候，他们就等候在路边，贾谧车子还没到，远远看到车子扬起的尘土就开始跪拜。

【译文】

魏勃为了有机会拜见相国曹参，每天去曹参的侍从门前打扫；潘岳为了谄媚贾谧，看到贾谧出行时扬起的尘土就恭敬参拜。

京房推律①，翼奉观性②。

【注释】

①京房推律：京房，字君明，东郡顿丘（今河南清丰）人。研究《周易》，师从焦延寿。据《汉书·京房传》，汉元帝时，京房与石显、五鹿充宗有矛盾，被派到京城外担任魏郡太守。京房知道自己多次向皇帝提的建议为大臣们反对，所以不想离开元帝身边，以免被诬陷。做太守后，内心忧惧，就给元帝上疏说将有灾异发生。不久，石显诬告京房诽谤朝政，说天子坏话，连累诸侯王，于是京房被杀害。京房本姓李，推算律令后，将自己的姓氏改为京。

②翼（yì）奉观性：翼奉，字少君，东海下邳（今江苏邳州）人。精通
经学，喜好天文历法、阴阳占卜之术，官至谏大夫。据《汉书·翼
奉传》，汉元帝即位后，征召翼奉待诏宦者署中。翼奉给元帝密奏
说："治理的要务在于知道下属的邪正。"翼奉给元帝讲解时辰与
时间的主客邪正关系，大意是，根据日期或者一天中十二个时辰
来定吉凶的方法是不准确的，要观察它的来源，弄清楚它的过程，
参考六合五行，就可以看透人性、了解人情了。以天文历法观察人
性，以十二律了解人情，是圣明的君主应该专门掌握的方法。

【译文】

京房推算律令，把自己的姓氏改换；翼奉通过时辰与时间的关系，了
解人性与人情。

甘宁奢侈①，陆凯贵盛②。

【注释】

①甘宁奢侈（shē chǐ）：甘宁，字兴霸，巴郡临江（今重庆忠县）人。
三国时期孙吴名将。据《三国志·吴书·甘宁传》，甘宁重义轻
生，常因仗义杀人而到处躲藏，郡中闻名。甘宁喜好奢华，出行
时，陆路就车骑陈列，水路则舟船相连，侍从们也都身穿花纹精美
的锦绣。船舱的帏帐镶嵌珠玉，驻船时用丝绸做缆绳，走的时候
直接割断抛弃，以显示奢侈。

②陆凯贵盛：陆凯，字敬风，吴郡吴县（今江苏苏州）人。出身江东
名门吴郡陆氏，为丞相陆逊的侄子、大司马陆抗的族兄，孙皓时
为丞相。据《世说新语·规箴》，吴国皇帝孙皓问陆凯："你的家
族在朝为官的有几人？"陆凯回答说："有两人当过丞相，五人被
封侯，将军十来人。"孙皓说："真兴盛啊！"陆凯说："君主贤明，
臣子忠诚，这样国家会兴盛；父亲慈爱，子女孝顺，家庭会兴盛。

现在政务荒废，民生凋敝，国家有倾覆灭亡之忧，我哪敢说兴盛啊！"

【译文】

甘宁为人豪侠仗义，生活奢侈，出行时阵仗盛大；陆凯虽出身世家，但因国家有难，不敢说家族兴盛。

干木富义①，於陵辞聘②。

【注释】

①干木富义：干木，指段干木，战国初年魏国名士。师从子夏，与田子方友善，为孔子再传弟子。清高隐居，不慕名利。据《淮南子·修务训》，段干木辞官隐居在家。魏文侯经过他的闾巷，凭靠在车子的轼木上对着段干木家的方向致敬。他的仆从说："段干木一介布衣，您身为君主，对着他家的闾巷凭轼致敬，是不是太过分了？"文侯说："段干木不谄媚势利，内心怀有君子之道，就算隐居于偏僻的穷巷，也能闻名于千里之外，我岂能不对他致敬！段干木在德行上引人注目，寡人在权势上引人注目；段干木在道义上富有，寡人在财物上富有。权势没有德行尊贵，财富不如道义高洁。让段干木和我交换位置，他是不会同意的。"

②於陵辞聘（pìn）：据《列女传》，楚王听闻於陵子终贤能，欲聘他为相，派使者持金百镒前往聘请。於陵子终到内室和妻子商量，妻子说："如果你做了楚国的国相，骑从盛大，能让你安心的也不过容膝之地；美味佳肴，让你满足的也不过是吃到嘴里的那一小块肉。现在你为了这容膝之安、一肉之味，而去为整个楚国担忧，你觉得值得吗？现在我们身处乱世，祸乱很多，我担心你到时候自身难保啊！"于是於陵子终从内室出来，谢绝使者的邀请。随后夫妻二人一起出逃，以给人家浇灌菜园为生。

【译文】

段干木身居陋巷而名闻千里，是因为他富于道义；於陵子终听从妻子的建议，拒绝楚王的聘任。

元凯《传》癖①，伯英草圣②。

【注释】

①元凯《传》癖（pǐ）：元凯，指杜预，字元凯，京兆杜陵（今陕西西安）人。博学多通，被誉为"杜武库"，有立功、立言的志向，娶司马懿女儿为妻。据《晋书·杜预列传》，杜预在闲暇时，沉湎于儒家经典，撰写《春秋左氏经传集解》等著作。当时王济懂得相马，又很爱马，和峤能聚敛钱财。杜预说王济有马癖，和峤有钱癖。晋武帝问杜预："那爱卿你有什么癖好呢？"杜预回答说："臣有《左传》癖。"

②伯英草圣：伯英，指张芝，字伯英，敦煌酒泉（今甘肃酒泉）人。擅长草书，被称为"草书之祖"。据《晋书·卫恒列传》，张芝擅长书法，家里的衣服布帛，必定先写上字，再对着细细琢磨。写字时，下笔一定要做到规范。临池学书，池水尽黑。纵然如此，还自谦匆忙没有时间写字。一寸大小的纸片也舍不得扔掉，世人视其书法为珍宝，韦诞称其为"草圣"。

【译文】

杜预痴迷为《左传》作注释，自称有"《左传》癖"；张芝擅长写草书，被人称为"草圣"。

冯异大树①，千秋小车②。

【注释】

①冯异大树：冯异，字公孙，颖川父城（今河南宝丰）人。好读书，精

通《左氏春秋》《孙子兵法》。东汉开国名将,位居云台二十八将第七位。据《后汉书·冯异列传》,冯异为人谦让不自夸,路上与其他将领相逢,则主动避让。无论行军还是驻扎都做好标记,军中都称赞他带兵严整。每次宿营,诸将并坐论功,冯异则会避开,独坐树下不参与讨论,军中称他为"大树将军"。

②千秋小车:千秋,指车千秋,原本姓田,长陵(今陕西咸阳)人。担任护卫汉高祖寝陵的郎官。据《汉书·车千秋传》,卫太子刘据因为江充的陷害而被处死,车千秋上书诉冤,武帝感悟,召见车千秋,对他说:"父子之间的事情,别人不好评价,只有你明白事情的真相,这是高祖的神灵,派你来指教我,你应当成为我的辅佐。"立即提拔车千秋为大鸿胪。几个月后又提拔为丞相,封为富民侯。车千秋年老时,皇帝为了优待照顾他,上朝觐见时,允许他乘坐小车上朝,人称"小车丞相"。

【译文】

冯异谦退不伐,常常到树下避开封赏,人称"大树将军";车千秋被皇帝优待,允许他乘坐小车上朝,人称"小车丞相"。

漂母进食①,孙钟设瓜②。

【注释】

①漂(piǎo)母进食:漂母,漂洗衣物的老妇。据《史记·淮阴侯列传》,淮阴侯韩信少年时家境贫寒,又行为不端,所以没有机会被推荐做官。韩信又不懂经商,就常常到别人家寄食,大家都讨厌他。有一次韩信在城下护城河钓鱼,有一个洗衣服的老婆婆看韩信可怜,给他饭吃,一连几十天。韩信说:"我一定会重重地报答您。"老婆婆说:"男子汉大丈夫自己养活不了自己,我是看你可怜才给你饭吃,难道是为了要你的回报吗?"等到韩信被封为楚

王,召见那个洗衣服的老婆婆,赐给她千金。

②孙钟设瓜:孙钟,东汉人,三国吴孙权的先祖。据《幽冥录》,孙钟
　年轻时家贫,种瓜为业。瓜熟的时候,有三人来要瓜吃。孙钟把
　他们带到瓜庵,给他们切瓜还管他们吃饭。吃完饭,他们对孙钟
　说:"我们是司命神,感谢您的款待,今天给你指点一片墓地,你
　是想让子孙数代为天子,还是世世都封侯?"孙钟说能让后代当
　几代天子就满足了。母亲去世后,孙钟将母亲葬在神灵指示的地
　方。孙钟后来生下儿子孙坚,孙坚生孙权,孙权第三子孙和生孙
　皓。东吴被晋灭,孙皓投降后被封为归命侯。

【译文】

韩信在贫困时被洗衣服的老婆婆接济饮食,发达后给她厚报;孙钟
因为热情款待三位仙人吃瓜,后代成为东吴君主。

壶公谪天①,蓟训历家②。

【注释】

①壶公谪(zhé)天:壶公,传说中的仙人。费长房,汝南(今河南平
　舆)人。据《后汉书·方术列传·费长房》,集市上有位老人卖药,
　将一只壶悬挂在店铺口,等到集市结束,老人就跳到壶里。市场上
　没有人注意到,只有费长房在楼上正好看到这一幕,他心中好奇,
　就前去拜见,并奉上好酒和肉脯。老人知道费长房识破他是神仙
　了,就对费长房说:"你明天再来吧!"费长房第二天如约而至,老
　人带着他一起跳到壶里。只见壶里面宽敞辽阔,房舍华丽,美酒佳
　肴,充盈其中。二人痛饮美酒后再相携而出。老人告诉费长房,他
　本是神仙,因为犯错被罚至人间,等到受罚期满,就会重返仙界。

②蓟(jì)训历家:蓟训,蓟子训,方士。据《神仙传》,蓟子训是齐国
　临淄人,有道术。在乡里,蓟子训与人交往,诚信谦让,二百余年

来容貌不改。京师的富贵人家都诚心想见到子训一面,争着邀请他。中午时分,子训同时前往二十三户人家。贵人们都很高兴,以为蓟子训先到的是自已家。第二天这些贵人们相互交流,他们说出来的蓟子训的衣服颜色样式一模一样,而和不同的人说的话却不一样,大家都非常惊异。蓟子训回家的时候,骑一匹青骡,从城东门田间小路离开,青骡缓步慢行,那些贵人们骑着快马相送,可是怎么也追不上。追了半天,一直是相差一里地的样子,实在没有办法追上,只好停止。

【译文】

费长房在市场见一个老人悬壶卖药,原来是位犯错后被贬到人间的仙人;蓟子训受邀到富贵人家做客,逐一拜访却又同时到达。

刘玄刮席①,晋惠闻蟆②。

【注释】

① 刘玄刮席:刘玄,字圣公,是汉光武帝刘秀的族兄。据《后汉书·刘玄列传》,王莽末年,饥荒瘟疫不断,平林人陈牧等聚众起义,号称平林兵,刘玄前往投奔。后来击破王莽军,称刘玄为更始将军。军队虽然人数众多,但是没有统一的指挥,于是将领们推立更始将军刘玄为天子。刘玄性格懦弱,即位后朝见群臣,羞愧流汗,紧张得连话都说不出来,两手摩擦座席,低头不敢直视众位大臣。后来赤眉军入关,更始帝刘玄被杀。

② 晋惠闻蟆(má):晋惠,指晋惠帝司马衷,晋武帝司马炎次子,性痴呆。据《晋书·惠帝纪》,晋惠帝曾在华林园听到蛤蟆叫声,问左右:"它们鸣叫是为公还是为私?"有人回答说:"在公家地盘上叫的就是为公,在私人地盘叫的就是为私。"晋惠帝竟然深信不疑。等到天下大乱,灾荒满地,晋惠帝听说饿死了人,不解地问

左右："他们既然没有粮食吃，为什么不吃肉粥？"他愚蠢无知到这种程度。

【译文】

刘玄胆小怯懦，被推立为皇帝后，受大臣们参拜时紧张得两手摩擦座席；晋惠帝愚蠢无知，听到蛤蟆鸣叫，竟然问是为公而鸣还是为私而鸣。

伊籍一拜①，郦生长揖②。

【注释】

①伊籍一拜：伊籍，字机伯，山阳（今山东金乡）人。据《三国志·蜀书·伊籍传》，刘备任命伊籍为左将军从事中郎，派遣他出使吴国。孙权对伊籍的辩才早有耳闻，准备用语言挫败打击他。伊籍参拜孙权，孙权问："事奉无道昏君很辛苦吧？"伊籍马上回答说："算不上辛苦，也就参拜一下，一弯腰一起身的事儿。"

②郦（lì）生长揖（yī）：郦生，指郦食其，陈留高阳（今河南杞县）人。好读书。家境贫寒，潦倒落魄，为监管里门小吏。据《汉书·郦食其传》，刘邦攻城略地到了高阳县，召见郦食其。郦食其来的时候，刘邦正坐在床边，伸着腿让两个女子给他洗脚。郦食其长长地作了一个揖，但没有躬身下拜，跟刘邦说："如果你一定要起义兵，讨伐暴虐无道的秦王朝，不应该如此傲慢无礼地接见长者。"于是刘邦赶紧停止洗脚，起身请郦食其上座并向他道歉。

【译文】

伊籍出使吴国，参拜孙权的时候，机智化解孙权的刁难；郦食其第一次见刘邦，长揖不拜，保持了儒生的尊严。

马安四至①，应璩三入②。

【注释】

①马安四至：马安，指司马安，濮阳（今河南濮阳）人。据《汉书·汲黯传》，司马安擅长舞文弄墨，玩弄法律条文，性格机巧圆滑，四次做到九卿之职，官至河南太守。他的兄弟们因为司马安的原因，官至二千石俸禄的有十人。

②应璩（qú）三入：应璩，字休琏，汝南南顿（今河南项城）人。学识渊博，擅长写文章。应璩曾任侍郎、散骑常侍、侍中，皆为皇帝的侍从官员，可以从皇宫侧面的承明庐出入。据《三国志·魏书·应璩传》裴松之注引《文章叙录》，因为皇帝年幼，大将军曹爽和太尉司马懿共同辅政。曹爽执掌国政，行事多次违反法度，应璩写《百一诗》以讽刺。诗中有"问我何功德，三入承明庐"的句子。意思就是说，朋友问我何德何能，竟然三次被选入承明庐。

【译文】

司马安擅长当官，四次做官到九卿；应璩任侍郎、常侍、侍中之职，三次入选承明庐。

郭解借交①，朱家脱急②。

【注释】

①郭解借交：郭解，字翁伯，河内轵县（今河南济源）人。据《汉书·游侠传·郭解》，郭解年轻时心狠手辣，稍有不如意，就会杀很多人。为朋友报仇，不惜性命。藏匿逃犯，作奸犯科，抢劫掠夺。还私自铸钱，偷坟盗墓，不可胜数。等到长大，改变操守，行为节俭，以德报怨。后因门客杀人获罪，其实郭解并不知情。御史大夫公孙弘向皇上奏议说："郭解仅仅是一介布衣，为人任侠，玩弄权术，因为小事就随便杀人，应该判处他大逆不道之罪。"于是郭解全族皆被诛杀。借交，指舍身助人报仇。

②朱家脱急：朱家，汉初侠士。据《汉书·游侠传·朱家》，朱家是
鲁国人，鲁国人多受儒家教化，而朱家则是因行侠闻名。那些受
官府通缉而被他藏匿以及因困苦被他救助的豪杰之士，有一百多
个。至于普通人，更是不可胜数。朱家帮助和解救别人的燃眉之
急，比自己的事情都用心。曾暗中帮助季布脱离困厄，等季布地
位尊贵，终身不见。函谷关以东没人不想和他交往。

【译文】

郭解重视友情，愿舍命为朋友报仇；朱家乐于助人，帮很多人摆脱燃
眉之急。

虞延刻期①，盛吉垂泣②。

【注释】

①虞（yú）延刻期：虞延，字子大，陈留东昏（今河南兰考）人。据
《后汉书·虞延列传》，建武初年，虞延被任命为细阳县令。每年
到伏日、腊日这样的节日，就放在押的囚徒回家团聚。囚徒们感
谢虞延恩德，到期都能及时回来，没有人趁机逃跑。有的囚徒在
家生病，找车拉着自己也要坚持回来，刚到就死了。虞延率领属
下将他葬在城外，百姓非常感动。永平年间，虞延位至三公。刻
期，在严格规定的期限内。

②盛吉垂泣：盛吉，字君达，会稽（治今浙江绍兴）人。据《太平御
览》引《会稽典录》，盛吉任廷尉之职，他性格仁爱宽惠，哀伤怜悯
别人的不幸。每年的十一月，囚犯应当被处决的时候，盛吉的妻
子端着蜡烛，盛吉拿着丹笔，相对垂泪哭泣，不忍下笔判决。

【译文】

虞延做县令时，节日期间给囚犯放假，囚犯也能按规定的时间返回；
盛吉任廷尉，给死囚下判决时，总是难忍悲伤垂泪。

豫让吞炭^①,钼麑触槐^②。

【注释】

①豫(yù)让吞炭:豫让,春秋年间晋国人。据《史记·刺客列传》,豫让曾事奉范氏、中行氏,后来又去事奉智伯,智伯非常尊重宠信他。赵襄子与韩氏、魏氏联合,杀死智伯,三分其地。赵襄子怨恨智伯,将智伯的头骨漆上漆,做成饮酒的器具。豫让决意为智伯报仇,先是乔装成一个服刑的犯人,后又把漆涂在身上,让身体溃烂成疮,再吞下烧红的木炭让自己哑嗓,这样别人从外形以及声音上就无法认出自己。行刺失败后,伏剑而死。

②钼麑(chú ní)触槐:钼麑,春秋年间晋国人。据《左传·宣公二年》,晋灵公不行君道,赵盾为正卿,多次劝谏晋灵公。灵公对赵盾怀恨在心,派大力士钼麑去刺杀他。钼麑早上潜入赵盾家时,卧室门已经打开,赵盾穿戴严整准备上朝。时间还早,赵盾坐着打盹。钼麑看到后从赵盾家退出来,叹息说:"对国君时刻保持恭敬,真是百姓的靠山啊!我如果伤害百姓的靠山,这样做不忠;但是如果放过赵盾,背弃君王的命令,就是不信。"于是钼麑一头撞在槐树上,折颈而死。

【译文】

豫让被智伯宠信,为了给他报仇,吞下火炭烧坏嗓子;钼麑认为赵盾是百姓靠山,杀掉百姓靠山不忠,宁愿触槐而死。

阮孚蜡屐,祖约好财^①。

【注释】

①阮(ruǎn)孚(fú)蜡屐(jī),祖约好财:阮孚,字遥集,陈留尉氏(今河南尉氏)人。始平郡太守阮咸之子。晋元帝时为安东参

军。祖约,字士少,范阳道县(今河北涞水)人。豫州刺史祖逖之
弟。据《晋书·阮孚列传》,起初,祖约喜好钱财,阮孚喜欢木屐,
他们都为自己的癖好所累,大家不能判出二人高下。有人拜访阮
孚,他正用蜡涂抹保养木屐。阮孚见客人进来,叹息说:"人这一
辈子,不知道能穿几双木屐啊!"神色自然,悠闲舒畅。又有人拜
访祖约,他正在整理财物,看见客人到访,来不及将财物全部收
起,外面还剩两小筐,就放在身后,斜着身子遮挡,脸色很不自然。
于是阮孚和祖约二人高下立判,胜负始分。

【译文】

阮孚爱好木屐,给木屐打蜡时客人来访,神色不变;祖约爱好钱财,
客人来访时赶紧把钱财藏匿,神色尴尬。

初平起石①,左慈掷杯②。

【注释】

①初平起石:初平,指黄初平,也叫皇初平,后世称为黄大仙,著名道
　教神仙。原为牧童,于山中修炼得道。据《神仙传》,黄初平十五
　岁那一年,家里让他出去放羊。路遇一位道士,把他带到金华山
　的一个石室中。四十多年后,他的哥哥黄初起在一位道士的帮助
　下找到了弟弟。兄弟相见,悲喜交加。哥哥问:"当年让你放羊,
　羊后来都去了哪里啊?"黄初平说:"就在山的东边。"初起赶紧
　去山的东面查看,没有发现羊,只有很多白色的大石头。初平说:
　"羊儿们都站起来!"于是白色石头都站了起来,变成数万只羊。

②左慈掷(zhì)杯:左慈,字元放,庐江(今安徽庐江)人。年轻时
　就熟悉五经,兼通占星望气之术。据《神仙传》,曹操听闻左慈有
　道术,就将他召来,关在一间房子里,断绝食物,每天只给二升水。
　一年之后再把他放出来,面容颜色如故。曹操想跟随左慈学道,

左慈不肯,曹操于是起了杀心,置办酒席宴请左慈。席间左慈拔下自己的发簪,在杯中一划,酒杯就从中间分成两半,酒在半块酒杯中不洒出来。左慈饮完后,随手往上一扔,杯子便悬在房梁上,来回摇动,像鸟飞的样子,摇摇欲坠,欲坠不坠。全屋的人都在看酒杯,等杯子落下来,左慈已经不见了。

【译文】

黄初平在金华山学道,能让石头站起变为羊群;左慈把酒杯扔上房梁,吸引众人眼光,自己借机逃走。

武陵桃源①,刘阮天台②。

【注释】

①武陵桃源:武陵,郡名。郡治在今湖南常德。据陶渊明《桃花源记》,东晋孝武帝太元年间,有个武陵人以捕鱼为生。一天,他划船沿溪而下,遇到一片桃花林,花草艳丽,落英缤纷。在这片世外桃源里居住的人跟渔人说,他们的祖先在秦朝时躲避战乱而来,从此与世隔绝。他们竟然不知道有汉朝,更不用说后来的魏晋了。渔人在这里逗留数日,向村里人告辞离去。想再来寻访,却找不到路了。

②刘阮（ruǎn）天台:据《续齐谐记》,汉明帝永平年间,剡县的刘晨和阮肇进天台山采药,因迷路被困山中。二人走投无路之际在河边遇到两位仙女,仙女把他们邀请到家,并和他们成亲。这里温暖舒适,犹如阳春时节,百鸟啼鸣。住了一段时间后,二人思乡心切,请求回家。刘晨和阮肇按仙女指引的路径,得以回到家乡。乡里的景观发生了非常大的变化,周边的人已是他们的七代子孙。二人既没有亲属,又无住所可存身。想再回到山中女子那里,却再也找不到路了。

【译文】

武陵的打渔人，因误入桃花源，见到一个世外社会；刘晨和阮肇去天台山采药，因为迷路，结识仙女，成就一段美好姻缘。

王俭坠车，褚渊落水①。

【注释】

①王俭坠车，褚（chǔ）渊落水：王俭，字仲宝，琅邪临沂（今山东临沂）人。褚渊，字彦回，河南阳翟（今河南禹州）人。据《南史·谢超宗列传》，司徒褚渊送别湘州刺史王僧虔时，因为阁道损坏，褚渊跌落水中，仆射王俭受惊吓跌下车。谢超宗拍掌大笑，说："落水三公，坠车仆射。"褚渊从水中出来，浑身湿透，非常狼狈。谢超宗在王僧虔船上，大声说："有天道啊，天容不下你；有地道啊，地不接受你。投给河伯啊，河伯也不接受。"褚渊大怒，说："你这个酸秀才太无礼了。"谢超宗说："我没有像你那样出卖袁粲、刘秉得到富贵，怎么能免除寒酸？"因为褚渊和袁粲同为宋明帝刘彧的顾命大臣，但在萧道成取代宋建立齐朝的过程中，袁粲为宋死节，褚渊却失节于齐。因此，褚渊常被嘲讽。谢超宗，陈郡夏县（今河南太康）人。谢灵运之孙，广州刺史谢凤之子。好学有文辞，盛得名誉。

【译文】

因为阁道损坏，司徒褚渊跌落水中，仆射王俭受惊吓跌下车，非常狼狈，被谢超宗借机嘲笑。

季伦锦障①，春申珠履②。

【注释】

①季伦锦障（zhàng）：季伦，指石崇，字季伦，渤海南皮（今河北南

皮）人。据《晋书·石崇列传》，石崇为荆州刺史时，打劫远来的使者与商客，积累下来的财富不计其数。后来官拜卫尉，财产极多，房屋宏大壮丽。妻妾上百人，穿锦绣，戴金玉，丝竹管弦各种乐器都是当时最好的，饮食穷尽山珍海味。石崇还与贵戚王恺、羊琇等人在奢靡豪华上攀比竞争。王恺用糖浆洗锅，石崇把蜡当柴烧；王恺用紫丝布做四十里的步障，石崇就用锦做五十里步障；石崇用香草椒兰涂墙，王恺就用赤石脂涂墙。障，用来遮挡风尘或视线的屏障，多用布制成。

②春申珠履（lǚ）：春申，指春申君，"战国四公子"之一。据《史记·春申君列传》，楚考烈王任命黄歇为楚国国相，封他为春申君。当时，齐国有孟尝君，赵国有平原君，魏国有信陵君，他们争相礼贤下士，招揽宾客，相互争夺人才。赵国平原君派使者到春申君那里，春申君把使者安排在上等宾舍。赵国使者想在楚国炫耀自己国家的富有，戴上玳瑁簪子，刀剑的鞘上用珠玉镶嵌，请求会见春申君的门客。春申君的门客有三千余人，其上宾就连鞋子上都缀满珍珠，赵国使者见后大为惭愧。

【译文】

石崇和王恺比富，用锦做成长达五十里的步障；春申君的上等门客，就连鞋子上都缀满珍珠。

甄后出拜，刘桢平视①。

【注释】

①甄（zhēn）后出拜，刘桢（zhēn）平视：甄后，指文昭甄皇后，魏文帝曹丕之妻，魏明帝曹叡之母。原为袁绍次子袁熙之妻，袁绍兵败后，甄氏因貌美被曹丕纳为妾。刘桢，字公幹，东平宁阳（今山东东平）人。"建安七子"之一。据《三国志·魏书·刘桢传》裴

松之注引《典略》，曹丕曾宴请诸位文学之士，喝到高兴的时候，曹丕命夫人甄氏出来拜见大家。座中宾客都俯身低头行礼，以示尊重，只有刘桢平视甄氏。曹操听说后大怒，逮捕刘桢，开始判为死刑，后来免去死刑罚做苦役。

【译文】

曹丕请文学之士宴饮，席中让夫人甄氏出拜，刘桢因为平视甄氏被处罚，险些丧命。

胡嫔争樗，晋武伤指[1]。

【注释】

[1]胡嫔（pín）争樗（chū），晋武伤指：胡嫔，指胡贵嫔，名芳，西晋镇军大将军胡奋之女，晋武帝司马炎的妃子，生有女儿武安公主。晋武，指晋武帝司马炎。魏权臣司马懿之孙，灭吴后统一全国。据《晋书·后妃列传·胡贵嫔》，晋武帝大量挑选良家女子来充实后宫，再从中选出漂亮女子，在她们的胳膊上系一条绛色丝绢。胡芳入选后，下殿就号啕大号。左右制止她说："不要让陛下听到。"胡芳说："死都不怕，还怕陛下吗？"武帝与胡芳玩一种叫樗蒲的赌博游戏，夺骰子时胡芳抓伤武帝手指。武帝生气地说："这么粗鲁，肯定是武将的后代！"胡芳回答说："你的爷爷司马懿北伐公孙渊，西拒诸葛亮，你不也是武将的后代吗？"武帝面有惭色。樗，古代一种赌博游戏。

【译文】

大将军胡奋之女胡贵嫔和晋武帝司马炎玩樗蒲游戏，不小心弄伤了武帝的手指。武帝生气地骂她是武将的后代，胡贵嫔巧妙地指出武帝的爷爷司马懿战功显赫，说明大家都是武将后代。

石庆数马①，孔光温树②。

【注释】

①石庆数马：石庆，温县（今河南温县）人。万石君石奋少子。石奋在汉文帝时，官至太中大夫，恭敬谨慎无人能比。长子石建、次子石甲、三子石乙、四子石庆，都因为品行温良，孝顺恭谨，而官至二千石，于是称呼石奋为万石君。据《汉书·石奋传》，石庆在武帝时为太仆。武帝出行时，问拉车的马是几匹。石庆用马鞭指着马，逐一清点完毕后，举手报告说："一共六匹马。"石庆在几个兄弟中做事是最简单随意的，都还谨慎如此。后来石庆官至丞相。

②孔光温树：孔光，字子夏，是孔子的十四世孙。因擅长经学，被任命为尚书。为官谨慎。据《汉书·孔光传》，孔光荐举别人做官时，总是担心有人听到。放假回家休息的时候，和兄弟、妻子儿女的日常谈话，始终不涉及朝廷政事。有人问孔光："未央宫温室殿里的树，都是些什么树啊？"孔光沉默不答，岔开话题说别的事情。孔光不泄密到这种程度。

【译文】

石庆行事谨慎，皇上问有几匹马拉车，石庆认真清点后再告诉皇上；孔光谨言慎行，有人问他未央宫温室殿有什么树，孔光缄口不言。

翟汤隐操①，许询胜具②。

【注释】

①翟汤隐操：翟汤，字道深，寻阳（今江西九江）人。纯朴敦厚，行为廉洁，不关心人际琐事，自己耕种。据《晋书·隐逸列传·翟汤》，永嘉末年，贼寇横行，凡是听到过翟汤名声和德行的人，都不敢前来冒犯。朝廷多次征召，翟汤都不去。翟汤的儿子翟庄、翟

庄的儿子翟矫、翟矫的儿子翟法赐,世代有隐逸之行,都被朝廷征召不到任。

②许询胜具:许询,字玄度,高阳(今河北高阳)人。据《世说新语·栖逸》,许询喜好游历山川大泽,而且身体强健敏捷,适合登山。当时人们说:"许询不光有高雅的性情,也有'济胜之具'(即能够到达胜境的好身体)。"许询隐居在永兴县幽深的岩洞中,经常有四方诸侯前来馈赠。有人对许询说:"我听说当年许由隐居箕山不像你这样啊,尧让给他天下他可是都不接受的啊!"许询说:"一筐食物而已,比天下轻多了。"

【译文】

翟汤情操高尚,拒绝朝廷征召,世代有隐逸之行;许询身体强健,适合登山,别人称赞他有能够到达胜境的好身体。

优旃滑稽①,落下历数②。

【注释】

①优旃(zhān)滑稽:优旃,秦国的侏儒艺人,善于说笑,内容却能符合大道理。据《史记·滑稽列传》,秦始皇想要扩大苑囿,优旃说:"这是好事儿啊。在里面多饲养一些禽兽,这样敌人从东方来犯的时候,我们虽然失去民心,但是让麋鹿抵他们就可以了。"秦始皇因此停止了这个项目。秦二世即位后,想把城墙涂一遍漆。优旃说:"好办法啊!把城墙漆得光溜溜的,敌人来了就爬不上,只是给城墙建一个遮阴的房子挺麻烦。"秦二世笑着停止了这个打算。

②落下历数:落下,指落下闳,字长公,巴郡阆中(今四川阆中)人。精于天文历算。据《汉书·律历志》,汉武帝下诏撰写《太初历》,方士唐都和落下闳都参与了这项工作。唐都负责划分天上星宿的分布,落下闳推算历数。班固说:"擅长天文历法的有唐都、落

下阁。"历数,指天文、数算之学,是一种观测天象以推算年时节候的方法。

【译文】

优旃是秦国的侏儒艺人,幽默有趣,善于说笑;汉朝编制《太初历》,落下闳负责推算历数。

曼容自免^①,子平毕娶^②。

【注释】

①曼容自免:曼容,指邴丹,字曼容,琅邪(今山东诸城)人。据《汉书·龚胜传》,邴丹坚持操守,自我修养,为官俸禄不肯超过六百石,一旦超过就辞职而去。

②子平毕娶:子平,即向长,字子平,河内朝歌(今河南淇县)人。隐居不仕,性格中正平和,喜爱并精通《老子》《易经》。据《后汉书·逸民列传·向长》,向长家境贫寒,没有家产和粮食,好心人轮流给他提供所需。向长接受别人的馈赠,但只取自己需要的部分,多余的全部退还。建武年间,儿女婚嫁的事情操办完毕后,向长和家里切断联系,尽情游历五岳名山,最后没有人知道他的消息和行踪。

【译文】

邴丹操守清廉,俸禄超过六百石,就自行辞职而去;向长隐居不仕,操办完儿女婚事后,不知所终。

师旷清耳^①,离娄明目^②。

【注释】

①师旷清耳:师旷,字子野。春秋时晋国宫廷乐师。精于审音调律。

据《吕氏春秋·长见》，晋平公铸大钟，让乐工来听，都说音调准确，音声和谐。师旷却说："钟声不和谐，请再铸一口。"平公说："乐工们都说和谐啊！"师旷说："后世肯定会有精通音律者，他会发现钟声是不和谐的。我真是替你难为情！"后来，师涓果然发现钟声不和谐。师旷之所以想把钟声调整得更为和谐，是因为后世有精通音律的人啊！清耳，专心倾听。也指一个人耳朵敏锐，对声音的辨识度极高。

②离娄（lóu）明目：离娄，一作离朱，古代传说中的人物。据《慎子·逸文》，离娄视力非常好，能够看清百步之外禽兽的细毛，却看不到水的浅深情况，不是他的眼睛不行，是形势让他难以看清啊。

【译文】

师旷耳朵敏锐，可以听出乐钟声音里细微的瑕疵；离娄视力非常好，可以看清百步之外动物的细毛。

仲文照镜①，临江折轴②。

【注释】

①仲（zhòng）文照镜：仲文，指殷仲文，陈郡长平（今河南西华）人。少有才藻，容貌俊美。曾任骠骑参军，待遇优渥。据《晋书·殷仲文列传》，殷仲文的妻子是桓玄的姐姐，桓玄造反，攻入京师。当时殷仲文正为新安太守，便弃郡投靠桓玄。后桓玄为刘裕所败，殷仲文因参与谋反被处死。仲文死前，照镜子的时候，常会看不到脑袋，没过几天果然被刘裕杀掉。

②临江折轴（zhóu）：临江，指临江闵王刘荣，汉景帝刘启庶长子，汉武帝刘彻的哥哥，曾被立为太子，后被废为临江王。据《汉书·临江闵王刘荣传》，刘荣被废为临江王三年后，因为侵占汉文帝庙的空地建立宫室而获罪。皇上征召刘荣，刘荣出发前在江陵

北门祭祀路祖。上车后,四轴折断,车子报废。江陵父老流着泪,悄悄地说:"或许我们的大王回不来了。"刘荣到京师,在中尉府受审。中尉郅都严讯刘荣,刘荣恐惧而自杀。葬于蓝田,当时有数万只燕子衔土置其坟上,百姓都很怜悯他的遭遇。

【译文】

殷仲文照镜子看不到脑袋,几天后被刘裕杀死;临江闵王刘荣进京时车轴折断,后遭遇不测。

栾巴噀酒①,偃师舞木②。

【注释】

①栾(luán)巴噀(xùn)酒:栾巴,成都(今四川成都)人。喜欢道术。据《神仙传》,汉顺帝征召栾巴为尚书。正月初一皇帝宴会群臣时,栾巴嘴里含着酒,站起来冲着西南方向喷吐。栾巴说:"我故乡成都失火,所以我吐酒为雨,是用来灭火灾的。"皇帝派使者前往成都验证。使者回来汇报说,正月初一那天成都确实有火灾,吃饭的时辰有大雨从东北来,把火浇灭,雨水酒味很大。噀,含在口中喷出。

②偃(yǎn)师舞木:偃师,传说周穆王时的巧匠。据《列子·汤问》,周穆王西行巡视,有位叫偃师的手艺人造了一个能歌善舞的假人献给穆王。这个假人和真人完全一样,千变万化,随心所欲。穆王以为这是一个真人,就让自己宠爱的妃子盛姬和后宫的嫔妃们一起来看。表演即将结束的时候,它挤眉弄眼勾引穆王左右的侍妾。穆王大怒,要杀掉偃师。偃师吓坏了,赶紧把假人拆解开。周穆王一看,假人是由皮革、木头等各种材料组成的,于是赞叹不已。

【译文】

栾巴用嘴喷酒,能灭千里之外的火灾;偃师用木头做主材,造出能歌善舞的"艺人"。

德润佣书^①,君平卖卜^②。

【注释】

①德润佣书:德润,指阚泽,字德润,会稽山阴(今浙江绍兴)人。出身农家,勤奋好学。据《三国志·吴书·阚泽传》,因家境贫寒,阚泽常为人抄写书籍,以换取笔墨纸砚。一本书抄完,他也就诵读一遍,牢记在心。阚泽博览群书,同时精通天文历法,于是名声显扬。

②君平卖卜(bǔ):君平,指严遵,字君平,蜀郡(治今四川成都)人。据《汉书·王贡两龚鲍传序》,严遵在成都集市上以算卦占卜为生。严遵认为卜筮虽然是低贱的行业,却可以帮到普通人。每当有人咨询为非作歹邪恶之事,严遵就会依照蓍草和龟甲的显示给他言明利害,劝其向善。给当儿子的占卜,就按照孝道解说;给当弟弟的占卜,就用顺从的道理解释;给做臣子的占卜,就按照忠诚的理论解卦。每天仅仅为有限的人占卜,只要挣到一百钱,能够养活自己,就关闭店门,放下帘子而传授《老子》。严遵终生以占卜为业,在九十多岁去世。

【译文】

阚泽家贫,被别人雇佣抄书,无所不读,学问渊博;严遵以占卜为生,因势利导,劝人向善。

叔宝玉润^①,彦辅冰清^②。

【注释】

①叔宝玉润:叔宝,指卫玠,字叔宝,河东安邑(今山西运城)人。据《晋书·卫玠列传》,卫玠五岁时,风采与神情异于常人,他的祖父

卫瓘说:"这个孩子与众不同,遗憾我老迈,等不到他长大了。"卫玠的舅舅骠骑将军王济,英俊豪爽,气质非凡,每次见到卫玠就会感叹:"和卫玠在一起,总感觉身边有珠玉,让我自惭形秽。"又曾对人说:"和卫玠一同出游,宛若明珠在侧,光彩照人。"卫玠妻子的父亲乐广,四海之内名气很大,认识乐广和卫玠的人都说"妇翁冰清,女婿玉润"。

②彦(yàn)辅冰清:彦辅,指乐广,字彦辅,南阳淯阳(今河南南阳)人。出身寒门,早年即有重名,受卫瓘、王戎、裴楷等人欣赏,因而得入仕途。据《晋书·乐广列传》,乐广八岁那年,征西将军夏侯玄见到他后,对乐广的父亲说:"乐广神情姿态明朗透彻,未来一定能成为名士。应该让他专心学习,一定能光耀你家门楣。"尚书令卫瓘见了他也啧啧称奇,命儿子们登门拜访求教,说:"乐广犹如人中水镜,对人有明鉴深察的能力,见到他就内心明亮透彻,就像拨开云雾见青天。"王衍曾说:"我和别人说话简单明了,等到见了乐广,便觉得自己说话啰嗦,令人生厌。"乐广就是如此被有识之士赞赏。

【译文】

卫玠风神秀异,像玉一样温润;乐广神姿朗彻,像冰一样清澈。

卫后发鬒①,飞燕体轻②。

【注释】

①卫后发鬒(zhěn):卫后,指卫子夫,汉武帝的皇后,最初是汉武帝姐姐平阳公主家的歌姬。据《汉书·外戚传·孝武卫皇后》,汉武帝在霸上祭神,返回时顺道看望平阳公主。卫子夫服侍武帝时被宠幸,平阳公主借机奏请武帝将子夫送入宫中。卫子夫生下儿子刘据后,被立为皇后。张衡《西京赋》:"卫后兴于鬒发,飞燕宠

于体轻。"意思是说，汉武帝皇后卫子夫因为头发乌黑浓密被宠幸，汉成帝皇后赵飞燕则是因为身体轻盈受宠。鬒，头发又黑又密的样子。

②飞燕体轻：飞燕，指赵飞燕，汉成帝的皇后，本是宫中婢女，因其舞姿轻盈如燕飞凤舞，故人称"飞燕"。据《汉书·外戚传·孝成赵皇后》，赵飞燕本是长安的宫人，刚生下来的时候，父母将她丢弃，可三天后竟然还没死，于是又捡回家抚养。长大后，到阳阿公主家学习歌舞，因体态轻盈，腰姿细软，行走姿态优雅，进退得体，被称为"飞燕"。成帝微服出行，拜访阳阿公主时，见到赵飞燕，就召她入宫，极为宠幸。

【译文】

汉武帝皇后卫子夫头发乌黑浓密，被汉武帝宠幸；汉成帝皇后赵飞燕体态轻盈，被汉成帝宠爱。

玄石沉湎①，刘伶解酲②。

【注释】

①玄石沉湎（miǎn）：据《博物志》，从前刘玄石在中山郡的一家酒店买酒，酒家卖给他千日酒，却忘了告诉他每次饮酒需要注意的量。回家后，刘玄石喝得烂醉。家人误以为刘玄石已死，就将他收殓入棺埋葬了。酒家在满一千天的时候，突然想起刘玄石之前在他家买酒，此时应该醒酒了。酒家就到刘玄石家探望他，家里人说："玄石已死三年，早已安葬。"于是打开棺材，刘玄石醉酒刚醒。人们都说："玄石饮酒，一醉千日。"沉湎，指沉溺于不良嗜好。在这里指刘玄石喝酒后一醉不醒。

②刘伶（líng）解酲（chéng）：刘伶，字伯伦，沛国（今安徽宿州）人。"竹林七贤"之一，崇尚老庄思想，纵酒放诞。据《晋书·刘伶列

传》，刘伶经常乘坐鹿车，携带一壶酒随时纵饮，使人扛锹在后面跟着，说："喝死后就把我埋了！"妻子劝刘伶戒酒，刘伶假装答应，并向鬼神发誓"戒酒"，说："天生刘伶，以酒为名。一饮一斛，五斗解酲。妇儿之言，慎不可听。"说完又开始大口喝酒，大口吃肉，再一次颓然醉倒在地。解酲，解除醉酒的状态。酲，喝酒后神志不清的样子。

【译文】

刘玄石喝了千日酒，一醉千日；刘伶以酒为命，不肯戒酒。

赵胜谢躄①，楚庄绝缨②。

【注释】

① 赵胜谢躄（bì）：赵胜，赵国宗室大臣，赵武灵王之子，赵惠文王之弟，封于平原县（今山东武城），号平原君，以礼贤下士著称。据《史记·平原君虞卿列传》，平原君家的楼和老百姓的房子靠着。有个瘸子，蹒跚着走到井边打水。平原君的美人在楼上，见那个瘸子走路滑稽，忍不住哈哈大笑起来。第二天，瘸子来找平原君，请求说："士人们之所以愿意不远千里投奔到您的门下，是因为你能尊重士人而轻视美人。我不幸身体残疾，驼背又瘸腿，您后宫的美人放肆地讥笑我，我希望能得到嘲笑我的那个人的头。"起初平原君不肯，于是很多宾客离开了他，最终赵胜斩下那个美人的头，亲自登瘸子家的门道歉，宾客去而复来。躄，腿瘸。

② 楚庄绝缨（yīng）：楚庄，指楚庄王，"春秋五霸"之一。据《说苑·复恩》，楚庄王宴请群臣，一直喝到日暮，酒兴仍酣。灯烛忽然熄灭，有个大臣趁黑拉美人的衣服。美人扯下这个人的帽带，告诉楚王赶紧把灯烛点上，找到那个断帽带的人。楚王却认为，赐人喝酒，让人醉后失礼，怎能为了妇人的贞节而侮辱臣子呢？

于是命令左右说："大家今天和我一起饮酒，不扯断帽带不尽兴。"群臣百余人，都把自己的帽带扯下，然后点亮灯烛，最后大家尽欢而散。后来楚晋交兵，有一个大臣总是奋勇冲锋在前，在五场战斗中五次斩获敌首，最后大败晋军。原来他就是那天晚上被美人扯断帽带之人，用这种方法报答楚王的恩德。

【译文】

平原君赵胜杀掉嘲笑瘸子的美人，以向瘸子道歉；楚庄王不愿为了彰显美人的贞节而羞辱臣下，命大家扯断帽带以掩盖大臣的过失。

恶来多力，飞廉善走①。

【注释】

①恶来多力，飞廉善走：恶来，商朝诸侯，有力，事商纣王。飞廉，一作蜚蠊，商纣王大臣，矫健善走。据《史记·秦本纪》，飞廉是恶来之父。恶来力气大，飞廉善奔跑，父子俩靠各自的能力事奉纣王。恶来喜进谗言，诋毁诸侯，让诸侯之间有嫌隙。武王伐纣，把恶来一并杀掉，当时飞廉为纣出使北方。

【译文】

飞廉与恶来是父子俩，飞廉是飞毛腿，恶来是大力士。

赵孟疵面①，田骈天口②。

【注释】

①赵孟疵（cī）面：据旧注，晋国赵孟，字长舒，为尚书令史。擅长清谈，脸上有疵点，当时人们常说："诸事不决问疵面。"疵，黑斑，痣。

②田骈（pián）天口：田骈，战国时齐国学士。讲学稷下学宫。据《七略》，田骈喜好谈论，说自己的嘴大如天，滔滔不绝，没有尽

头。当时人称"天口"。

【译文】

赵孟擅长清谈,脸上长有疵点;田骈喜好谈论,自称嘴大如天。

张凭理窟①,裴颜谈薮②。

【注释】

①张凭理窟(kū):张凭,字长宗,吴郡(今江苏苏州)人。志向远大,才华出众,被乡邻称赞。张凭被推举为孝廉,自负其才,认为必能跻身当世精英名流。据《晋书·张凭列传》,张凭拜访名士刘惔,因为谈论义理言辞简约、内涵深远,听后让人豁然开朗、心情舒畅而被刘惔敬佩。刘惔将张凭推荐给简文帝,文帝召张凭并与之谈话,感叹说:"张凭勃窣为理窟。"勃窣,意为才华横溢。理窟,指张凭学识渊博,集众家之理,取之无穷。窟,人或事物聚集的地方。

②裴颜(wěi)谈薮(sǒu):裴颜,字逸民,河东闻喜(今山西闻喜)人。司空裴秀之子。性情高雅,有远见卓识,学识渊博,研习古典,少年成名。据《晋书·裴颜列传》,御史中丞周弼见到裴颜,感叹说:"裴颜就像一座武器库,内有各种兵器,是一代豪杰。"乐广曾与裴颜清言,想要从义理上说服他,但是裴颜言辞丰富广博,乐广笑而不能对。当时人们都说裴颜为言谈之林薮。谈薮,指裴颜言辞丰富,滔滔不绝。薮,人或物聚集的地方。

【译文】

张凭学识渊博,集众家之理,取之无穷;裴颜言辞丰富,滔滔不绝,谈之不尽。

仲宣独步①,子建八斗②。

【注释】

①仲宣独步：仲宣，指王粲，字仲宣，山阳高平（今山东微山）人。"建安七子"之一，文才出众，被誉为"七子之冠冕"。代表作有《七哀诗》《登楼赋》。初仕刘表，后归曹操。据《三国志·魏书·陈思王值传》裴松之注引《典略》，曹植曾给杨修写信说："当今文章写得优秀者，屈指可数。从前王仲宣独步于汉南，……现在，人人自命不凡，都觉得自己手握隋侯珠，怀抱和氏璧，掌握了做学问的本质，写文章的真谛。"独步，超出同类之上。

②子建八斗：子建，指曹植，字子建，沛国谯县（今安徽亳州）人。魏武帝曹操之子，魏文帝曹丕之弟，生前曾为陈王，去世后谥号"思"，因此又称陈思王。据《三国志·魏书·陈思王植传》，陈思王曹植十来岁的时候就诵读《诗经》《论语》及辞赋数十万字，能写一手好文章。一次，曹操看了曹植的文章，问："你是不是请人代笔了？"曹植说："我出口为论，下笔成章，怎么会请别人帮助呢？"据旧注，谢灵运说："天下士人的才华加起来共有一石的话，曹植一个就独占八斗，我谢灵运占了一斗，自古及今所有的人加起来共占一斗。"

【译文】

王仲宣文章独步汉南，曹子建学识才高八斗。

广汉钩距①，弘羊心计②。

【注释】

①广汉钩距：广汉，指赵广汉，字子都，涿郡蠡吾（今河北博野）人。被任命为京兆尹，政治清明，被认为从汉朝建立伊始，治理京兆者无人能及。据《汉书·赵广汉传》，赵广汉为人精明强干，内心坚定，行动有力，天生擅长为官之道，尤其擅长用钩距之法来判别事

情真伪。钩距之法就是,比如要想知道马的价格,就先考察了解狗的价格,然后问羊的价格,再问牛的价格,最后再问马的价格,将这些价格相互参照对比,按类别相衡量,就能知道马的价格贵贱,与事实是否相当。这种方法只有赵广汉用得最为纯熟,其他人效仿不来。钩距,辗转推问,究得情实。

②弘羊心计:弘羊,指桑弘羊,洛阳(今河南洛阳)人。西汉时期政治家、理财专家,汉武帝的顾命大臣之一。据《史记·平准书》,桑弘羊是洛阳商人的儿子。武帝时,因为擅长心算,十三岁就被召为侍中。和大农丞东郭咸阳、孔仅三人追求财利,可谓到了不放过一丝一毫的地步。桑弘羊官拜御史大夫。昭帝时因谋反被杀。心计,心算。

【译文】

赵广汉利用钩距法,可以准确地判别事情真伪;桑弘羊擅长心算,十三岁就被召为侍中。

卫青拜幕①,去病辞第②。

【注释】

①卫青拜幕:卫青,字仲卿,河东平阳(今山西临汾)人。最初为平阳公主家奴,后被汉武帝重用,官至大将军,封长平侯。数次出征匈奴告捷。据《汉书·卫青传》,元朔年间,卫青带领三万骑兵,追击匈奴右贤王。捕获右贤王十余个小王,男女一万五千余人,牲畜上百万头,胜利归来。军队到边塞,汉武帝已派使者捧着大将军印到达,就在军营帐幕围成的府署中任命卫青为大将军。后来把行军时帐幕围成的府署叫幕府。

②去病辞第:去病,指霍去病,河东平阳(今山西临汾)人。汉武帝时期的杰出军事家,任大司马骠骑将军。好骑射,善于长途奔袭。

据《汉书·霍去病传》，霍去病是大将军卫青姐姐卫少儿的儿子。霍去病的父亲霍仲孺，与卫少儿私通，生下霍去病。等到卫子夫成为皇后被尊宠，霍去病因为是皇后姐姐的儿子，十八岁即为侍中。跟随大将军卫青征讨匈奴，以功封冠军侯、骠骑将军。汉武帝为霍去病修建了府第，让他去看看。霍去病说："匈奴不灭，我不愿置办家业。"汉武帝对他更加器重和宠爱。第，宅院。

【译文】

卫青征讨匈奴有功，在幕府中受命为大将军；霍去病一心抗击匈奴，不愿接受武帝为他置办的府第。

郦寄卖友[①]，纪信诈帝[②]。

【注释】

①郦（lì）寄卖友：郦寄，字况，高阳（今河南杞县）人。汉丞相郦商之子。据《汉书·郦商传》，郦寄与汉高后吕雉的侄子赵王吕禄关系友善。高后死后，大臣欲诛灭吕氏家族。当时吕禄为将军，统领北军。太尉周勃拿不到北军的指挥权，就派人劫持郦商，让郦寄欺骗吕禄。吕禄信任郦寄，和他一起出游。周勃于是进入北军，掌握了军权，遂将诸吕诛死。天下人都说郦寄出卖朋友。

②纪信诈帝：纪信，刘邦将领，曾参与鸿门宴。身形与样貌恰似刘邦。据《汉书·高帝纪》，楚汉相争，项羽将汉王刘邦围困在荥阳，纪信跟刘邦说："现在事情危急，我申请前去欺骗楚军，您可以偷偷逃走。"当天夜里从东门放出两千多女子，楚军四面攻击她们。纪信乘上刘邦的车子，黄缯车盖，左竖纛旗，说："粮食吃完了，汉王降楚。"楚兵皆呼万岁，都到城东观看刘邦投降。刘邦于是与数十骑出西门逃遁。项羽见到纪信，问："汉王在哪里？"纪信说："已经出城！"项羽一怒之下将纪信烧死。

【译文】

郦寄出卖朋友,吕氏家族被诛杀;纪信假装汉王欺骗楚军,救刘邦一命。

济叔不痴①,周兄无慧②。

【注释】

①济叔不痴:济叔,指王济的叔叔王湛,字处冲,太原晋阳(今山西太原)人。年少有识,沉默寡言。据《晋书·王湛列传》,王湛从小就有见识和风度。最初,王湛低调做人,帮助别人而不张扬,兄弟和族人们都以为王湛痴呆。王湛哥哥的儿子王济看不起他,有一次到王湛住所,见床头有本《周易》,就请他谈谈《周易》。王湛于是将玄妙深奥的道理,剖析得深刻细微而且妙趣横生,这些道理就连才华过人的王济也是闻所未闻。晋武帝也一直以为王湛痴呆,王济对武帝说:"我的叔叔一点儿也不傻。"于是把王湛的优点告诉武帝。

②周兄无慧:周兄,指晋悼公周子的哥哥。据《左传·成公十八年》,晋国大臣到京师迎接周子,把他立为国君,即为晋悼公。晋悼公有个哥哥,没有智慧,区分不开豆子和麦子,所以不能将他立为国君。豆子和麦子外形差异很大,容易识别,不辨菽麦就是痴人的特征。无慧,即世人所谓白痴。

【译文】

王济的叔叔大智若愚,一点儿也不傻;晋悼公周子的哥哥是个白痴,无法做国君。

下卷

【题解】

下卷共102句,除了篇末"浩浩万古,不可备甄。艾烦撮华,尔曹勉
旃"四句,每句讲一个典故。每句都是一个主谓结构短语,前后对偶。两
个相偶的句子所讲故事,内容有一定的关联度。

本卷中的故事种类繁多,如"南风掷孕,商受斫涉",说的是贾南风
与商纣王暴虐成性,残忍无比;"广德从桥,君章拒猎",说的是薛广德与
郅恽不畏强权,敢于犯颜极谏;"管仲随马,仓舒称象",说的是管仲与曹
冲聪明睿智,解决眼下难题。这种同类故事相对照,按韵排列的办法,读
之朗朗上口,确实让童蒙兴趣盎然,学习效果自然事半功倍。

虞卿担簦^①,苏章负笈^②。

【注释】

①虞(yú)卿担簦(dēng):据《史记·平原君虞卿列传》,虞卿是位
　游说之士,脚踩草鞋,肩扛雨伞,去游说赵孝成王。第一次见面,
　赵孝成王赐给他黄金百镒、白璧一双;第二次见面被拜为赵国上
　卿,所以被称为虞卿。簦,古代有柄的笠,类似现在的伞。

②苏章负笈(jí):据旧注,苏章背着书箱追随老师求学,不远千里。

　　笈,用竹藤编织,用以放置书籍、衣巾、药物等的小箱子。

【译文】

　　虞卿脚踩草鞋,肩扛雨伞,去游说赵孝成王;苏章背负书箱,不远千里,追随老师学习。

南风掷孕①,商受斫涉②。

【注释】

①南风掷孕:南风,指晋惠帝贾皇后,名南风,父亲为西晋太宰贾充,祖父为曹魏豫州刺史贾逵。贾南风生性妒忌,擅权谋,能诡诈。据《晋书·后妃列传·惠贾皇后》,贾南风性情残酷暴虐,曾亲手杀死数人。一次用戟投掷一名怀孕的姬妾,孕妇肚子被划开,孩子随着戟刃堕落在地。贾南风荒淫放纵,行事独断,专制天下,威震朝廷内外。

②商受斫(zhuó)涉:商受,帝辛,子姓,名受,商朝末代君主,世称"纣",即商纣王。据《尚书·泰誓》,商纣王砍断冬日早上涉水的人的小腿,就是为了看一看他的小腿为什么耐寒。还挖出贤人比干的心,来验证传说中贤人心有七窍是不是实情。斫,砍,斩。

【译文】

　　贾南风性情残酷,曾用戟投掷一名怀孕的姬妾,导致姬妾破腹,婴儿坠地;商纣王暴虐无道,看到有人冬日早上涉水过河,就把他的小腿砍下来,看看有没有异于常人之处。

广德从桥①,君章拒猎②。

【注释】

①广德从桥:广德,指薛广德,字长卿,沛郡相县(今安徽濉溪)人。

为人温雅含蓄，宽容有涵养，直言敢谏，位至三公。据《汉书·薛广德传》，汉元帝前往宗庙祭祀，准备乘楼船过河。薛广德拦住元帝车驾，免冠顿首，说："皇上您应该从桥上过河。您如果不听我的劝告，我就自刎在您的车前。鲜血喷到您的车轮上，车轮被污，你就无法进入宗庙祭祀了。"元帝大为不悦，光禄大夫张猛解围说："我听说只有皇上圣明，臣子才敢于直言。乘船危险，从桥上走就安全得多，圣明的君主是不会以身涉险的，刚才御史大夫的话您可以三思。"元帝说："劝告人不应当用这样的方法和态度吗？"于是从桥上过了河。

②君章拒猎：君章，指郅恽，字君章，汝南西平（今河南西平）人。为人正直敢言，精通天文历数。据《后汉书·郅恽列传》，建武年间，郅恽被举荐为上东城门候。一次，光武帝出城狩猎，夜深才还。郅恽拒不开门，不接受光武帝诏令。无奈，光武帝只得绕道从东中门入城。第二天郅恽给光武帝上书，劝谏说："之前周文王不敢畋猎游乐，是因为他忧虑万民疾苦。现在陛下您远猎山林，夜以继昼，这么做对国家社稷和列祖列宗怎么交代？"光武帝赐给他布百匹。

【译文】

薛广德坚持让皇帝放弃乘船而改为从桥上过河，以保证他的安全；郅恽拒绝猎狩深夜归来的皇帝进城，以劝谏他多考虑社稷宗庙。

应奉五行①，安世三箧②。

【注释】

①应奉五行：应奉，字世叔，汝南南顿（今河南项城）人。自幼聪明强记，读书一目五行。据《后汉书·应奉列传》，应奉担任郡里的决曹史，到下属四十二县巡视，记录囚徒上千人。回来向太守汇

报工作时,应奉不看材料,直接口述罪犯姓名、罪行轻重,没有任何遗漏,人们都觉得神奇。

②安世三箧（qiè）：安世,指张安世,字子儒,酷吏张汤之子,位列"麒麟阁十一功臣"。据《汉书·张安世传》,汉武帝驾幸河东,途中丢失书籍三箱。诏问众人,没有人知道书上写的是些什么。只有张安世能记住书籍内容,并将其全部写出来。后来又买到这些书,将书和张安世记录的内容比对,没有任何遗失。箧,箱子一类的东西。

【译文】

应奉聪明强记,读书一目五行;张安世记忆力超群,能把皇帝丢失的三箱书全部背诵出来。

相如题柱①,终军弃繻②。

【注释】

①相如题柱：相如,指司马相如,字长卿,蜀郡成都（今四川成都）人。少年爱好读书,善辞赋。据《华阳国志·蜀志》,城北七里,有座升仙桥。司马相如早年离开故乡赴京城游历,在桥柱上写道："大丈夫不乘驷马车,不复过此桥。"

②终军弃繻（xū）：终军,字子云,济南（今山东济南）人。学识渊博,有辩才,文笔好,乡里闻名。据《汉书·终军传》,终军十八岁时,被汉武帝选为博士弟子,报到时步行通过函谷关。守关的官吏交给终军一块丝织的符信,说："等你再回来的时候,以此为凭。"终军说："大丈夫西游,终不用再凭原来的符信东归。"扔下这个符信就走了。后来终军被任命为谒者,奉命巡查郡国,手持朝廷符节向东出关。守关的官吏认出终军,说："这个使者不就是之前扔掉符信的儒生吗？"繻,古时用丝帛制成的出入关卡的凭证。

【译文】

司马相如在升仙桥柱上写道："他日不乘四匹马拉的大车,决不从此桥路过。"终军过函谷关时扔掉发放的凭证,不愿毫无成就地返回。

孙晨藁席①,原宪桑枢②。

【注释】

①孙晨藁（gǎo）席:据《三辅决录》,孙晨,字元公。家境贫寒,以织席为生。通晓《诗经》《尚书》,曾担任京兆功曹职务。冬天没有棉被,只有一束藁草,晚上铺开睡在上面,早上再收起来。藁,同"稿"。稻草秆。

②原宪桑枢（shū）:原宪,字子思,孔子弟子。原宪出身贫寒,个性狷介,安贫乐道。据《庄子·让王》,原宪居住在鲁国,房子只有一丈见方,以青草为顶,房门由蓬草编成,门轴由桑木制成,用粗布衣服塞住窗口,屋顶漏雨,地下泥泞。原宪端端正正地坐着弹琴唱歌,毫无忧虑之色。桑枢,用桑树做的门轴。枢,门轴。

【译文】

孙晨家境贫寒,冬天没有棉被,睡觉时把藁草当席子;原宪安贫乐道,居于陋室,用桑条做门轴。

端木辞金①,钟离委珠②。

【注释】

①端木辞金:端木,指端木赐,复姓端木,字子贡,春秋末年卫国人。孔门十哲之一,孔门四科以言语见称。据《孔子家语·致思》,鲁国法律规定,如果有鲁国人在别的诸侯国当奴隶,凡是将这个奴隶赎回鲁国者,都可以从鲁国国库领取补偿金。子贡将一个奴隶

赎回,却谢绝从国库领钱。孔子知道后,说:"君子做事情要考虑能够移风易俗,以教育和引导百姓。现在鲁国穷人多,富人少。端木赐救赎奴隶不接受补偿,这样就开了一个先河,别人再救赎奴隶,如果从国库领取补偿就会显得不廉洁,那么用什么来赎人呢? 从今以后,鲁国人就不再从诸侯国赎人了。"

② 钟离委珠:钟离,指钟离意,字子阿,会稽山阴(今浙江绍兴)人。宽政爱民,直言敢谏。据《后汉书·钟离意列传》,显宗即位后,征召钟离意为尚书,当时交趾太守张恢贪污千金,被依法处置,赃物被显宗下诏赏赐群臣。钟离意将分到的珠宝扔在地上,不拜谢赏赐,显宗感到奇怪,问他,钟离意回答说:"孔子口渴,但是忍着不喝盗泉之水;曾参路过一个叫胜母的里巷,就绕道而过,是因为厌恶它们的名字。这些贪污来的珍宝,我不敢对着它们敬拜。"显宗感叹说:"清乎,尚书之言!"于是换成府库里的三十万钱赐给钟离意。委,抛弃。

【译文】

端木赐谢绝领取救人的赎金,被孔子批评;钟离意将不廉洁的珠宝扔在地上,被皇帝赞赏。

季札挂剑①,徐稚置刍②。

【注释】

① 季札(zhá)挂剑:季札,姬姓,名札,又称公子札、延陵季子。吴国公子,博学贤明。据《史记·吴太伯世家》,吴公子季札出使时路过徐国,徐君喜欢季札的剑,但是没有说出来。季札心中明白,但是也没有说出来。因为季札还要出使中原诸国,不能把宝剑赠送给徐君。等季札完成出使任务,再回到徐国,徐君已经死了。季札解下宝剑,挂在徐君坟头的树上就走了。随从问:"徐君已经死

了,为什么还要留下剑呢?"季札说:"当初我心里已经把剑许给徐君了,怎么能因为徐君去世就违背我的心呢?"

② 徐稚(zhì)置刍(chú):徐稚,字孺子,豫章南昌(今江西南昌)人。家境贫寒,亲自耕种,自食其力。为人恭俭礼让,乡里都敬佩他的德行。据《后汉书·徐稚列传》,徐稚曾经被太尉黄琼征辟,但没有就职。黄琼去世后,徐稚前往吊唁,设鸡酒祭奠,哭完后直接离去,没有告诉别人他的姓名。当时来吊唁的还有郭林宗等几十位名士,怀疑这个人是徐稚。就让口才好的书生茅容去追赶,追上后二人一起谈论耕种收获这样的农事。临别时,徐稚对茅容说:"请替我感谢郭林宗,并告诉他大树将要倾倒,一根绳子是拉不住的,为什么如此奔波忙碌而不赶快找个安静的栖身之所呢?"后来,郭林宗母亲去世,徐稚前往吊唁,只在坟前放下一把青草,然后就离去了。众人奇怪,不知这是什么意思,郭林宗说:"这个人肯定是南州高士徐孺子啊!《诗经》里说过:'生刍一束,其人如玉。'我的德行担当不起他给这么高的赞誉啊!"刍,草。后以生刍称吊祭的礼物。

【译文】

季札把剑挂在徐君坟头,兑现自己未说出口的承诺;徐稚吊唁郭林宗的母亲,放下一把青草,赞誉郭林宗是位德行高洁的君子。

朱云折槛①,申屠断鞅②。

【注释】

① 朱云折槛(jiàn):朱云,字游,鲁国(治今山东曲阜)人。容貌威武伟岸,以勇气闻名。他洒脱不羁,不拘小节而能恪守大义,深得世人尊重。据《汉书·朱云传》,汉成帝非常尊崇自己的老师张禹。朱云上书求见,当着众公卿的面跟成帝说:"现今的朝廷大

臣,上不能辅佐君主,下不能让民众受益,人人尸位素餐,臣希望皇上能赐给我尚方斩马剑,让我斩杀一个佞臣,以儆效尤。"知道朱云想要杀的人是张禹后,成帝大怒,以居下讪上、羞辱帝师为由,要处死朱云。朱云死死攀住殿前栏杆不走,把栏杆都拉断了。在辛庆忌的请求下,成帝最终饶恕朱云。后来修理栏杆时,成帝说:"别改动栏杆,照原来的样子修补即可,用来旌表正直的大臣。"槛,栏杆。

②申屠断鞅(yāng):申屠,指申屠刚,字巨卿,扶风茂陵(今陕西兴平)人。据《后汉书·申屠刚列传》,光武帝刘秀要外出畋猎游乐,申徒刚以陇西郡、蜀郡一带还没有平定为由,劝光武帝不要贪图安逸享乐。见光武帝不听从劝谏,申徒刚就用头顶住光武帝的车轮,不让车驾前进,光武帝只好取消行程。据旧注,申徒刚为了阻止光武帝,用刀切断马胸前拉车的皮带。鞅,马胸前拉车的皮带。皮带被割断,马无法用力,车子自然无法前进。

【译文】

朱云因直谏触怒皇帝,要把他拉走杀掉时,攀断了殿上的栏杆;申屠刚为了阻止皇帝出游,挥刀斩断马的皮带。

卫玠羊车①,王恭鹤氅②。

【注释】

①卫玠(jiè)羊车:卫玠,字叔宝,河东安邑(今山西夏县)人。出身士族,风神秀异。据《晋书·卫玠列传》,卫玠少年时曾坐羊拉的车到集市游玩,见者都以为是冰雕玉砌的人,满城的人都去围观。卫玠见王敦豪爽不合群,好出人头地,恐怕不是国之忠臣,日后有谋反可能,就谋求去建业,以远离王敦。建业的人早听说卫玠姿容秀美,于是观者如堵。卫玠积劳成疾,一病不起,二十七岁早

逝。当时人们都说卫玠是被看死的，是谓"看杀卫玠"。

②王恭鹤氅（chǎng）：王恭，字孝伯，小字阿宁，太原晋阳（今山西太
原）人。官至前将军、青兖二州刺史。据《晋书·王恭列传》，王
恭容貌俊美，姿态优雅，人们都很喜欢他，有人看到王恭，称赞说：
"清朗明媚，就像春天的柳树。"王恭曾经身披鹤羽做的外套，踏雪
而行。孟昶看到后说："真是神仙一般的人物啊！"氅，外衣。

【译文】

卫玠乘坐羊拉的小车在洛阳道上游玩，被人围观；王恭在冬天身穿
鹤氅踏雪而行，是神仙一般的人物。

管仲随马①，仓舒称象②。

【注释】

①管仲随马：管仲，名夷吾，颍上（今安徽颍上）人。被鲍叔牙推荐，
担任齐国国相，辅佐齐桓公，使齐桓公成为"春秋五霸"之首。据
《韩非子·说林上》，管仲跟从齐桓公讨伐孤竹国，春往冬返，迷了
路。管仲说："让我们借用一下老马的智慧吧。"于是放开老马缰
绳，让它随意向前，部队则紧跟其后，最终找到了路。

②仓舒称象：仓舒，指邓哀王曹冲，字仓舒，魏武帝曹操的儿子。从
小聪慧明察。据《三国志·魏书·武文世王公传·邓哀王冲》，
孙权送给魏国一头巨象，曹操想要知道这头象的重量，询问群臣，
没有人知道怎么称量它。曹冲说："把这头象牵到大船上，在船舷
上刻下水面的高度，再把东西放到船上，让吃水线一致，这样根据
物体的重量就可以知道大象的重量了。"曹操大为高兴，马上按
这个方法去做。

【译文】

齐桓公的军队迷路后，在管仲的建议下，军队跟着老马找到了路；根

据浮力的原理，曹冲用船称出大象的重量。

　　丁兰刻木①，伯瑜泣杖②。

【注释】

①丁兰刻木：丁兰，东汉孝子，"二十四孝"中"刻木事亲"的主人公。据《孝子传》，丁兰侍奉母亲极为孝顺，母亲去世后，刻了一个很像母亲的木头人，每天对着木人行礼，以寄托对母亲的思念。

②伯瑜泣杖：据《说苑·建本》，韩伯瑜犯错，他的母亲用竹板打他，韩伯瑜伤心地哭了。母亲问："之前打你，从来不哭，今天为什么哭了？"韩伯瑜回答说："之前犯错误时，被母亲责打，每次都非常痛。今天母亲打我不如之前痛了，我知道这是因为母亲年迈力衰，想到这些，我就忍不住伤心痛哭。"

【译文】

　　丁兰在母亲去世后，用木人代替母亲，每天向木人致敬行孝；韩伯瑜被母亲责打，因为不如之前疼痛，就难过哭泣。

　　陈逵豪爽①，田方简傲②。

【注释】

①陈逵（kuí）豪爽：陈逵，字林道，颍川许昌（今河南许昌）人。据《世说新语·豪爽》，陈逵住长江北岸，京都的朋友们相约到牛渚山游玩。陈逵善谈玄言理，大家想要一起和陈逵辩论，以驳倒他。陈逵却用一把如意托着腮，眼望鸡笼山，叹息说："当年孙伯符的志向和事业都没有如愿啊！"借孙策来表达自己的志向和事业无法实现，虽有匡复中原的雄心，却没有机会，亦暗指世无知音，众人皆不是自己的对手。于是满座的人直到集会结束都无法和陈

速谈论。伯符,是孙策的字。

②田方简傲:田方,指田子方,战国初魏国人。孔子弟子子夏的学生,道德学问闻名于诸侯,魏文侯聘他为师,执礼甚恭。据《史记·魏世家》,魏国太子子击出行遇见田子方,下车行礼。田子方没有还礼,子击问:"是富贵的人应该傲慢一些呢? 还是贫贱的人应该傲慢一些呢?"田子方说:"当然是贫贱者啊! 那些富贵的人,比如诸侯如果对人傲慢,就会失去国家,大夫对人傲慢无礼,就会失去家。贫贱的人傲慢就无所谓了,自己的建议不被采纳,就离开这个地方到别国去,就像脱掉草鞋一样。贫贱者和富贵者对待别人的态度和方法怎么会相同呢!"简傲,高傲,傲慢。

【译文】

陈逵豪放直爽,当别人要和他辩论时,叹息家国未平;田子方认为贫贱的人因为没有东西可失去,就可以傲慢一些。

黄向访主①,陈寔遗盗②。

【注释】

①黄向访主:据旧注,黄向,豫章(今江西南昌)人。曾经在路上捡到一包金子,就想办法找到失主,将金子归还。失主想以一半黄金答谢他,他头也没回地走了。

②陈寔(shí)遗(wèi)盗:陈寔,字仲弓,颖川许县(今河南许昌)人。做过太丘长,故号陈太丘。据《后汉书·陈寔列传》,陈寔的家乡闹饥荒,有个小偷夜里潜入他的房间,躲在房梁上,被陈寔暗中发现。陈寔把子孙们叫进房间,严肃地教训他们说:"一个人不可以不勤勉努力。坏人可能本性并不是穷凶极恶之人,但是养成了不好的习性,就成了坏人,躲在房梁上的君子就是这个情况。"小偷大惊,赶紧跳下来,叩头请罪。陈寔说:"看你的气质和相貌,

不像一个恶人，应该是因为贫困才做这种事情。"陈寔就让家人拿来二匹绢送给他，从此全县无盗贼。

【译文】

黄向捡到一袋金子，想办法送还失主；陈寔同情小偷是因生活所迫，于是赠他二匹绢。

庞俭凿井①，阴方祀灶②。

【注释】

①庞俭凿井：据《风俗通义》，庞俭因遭遇世乱与父亲失散，陪着母亲四处辗转，后来在卢里住了下来。凿井时竟然挖到铜矿，因此成为富人。后来庞俭买了一个奴仆，有一天奴仆自言自语说："这家的老夫人是我的妻子。"庞俭的母亲听到后就问他，奴仆说："我的妻子姓艾，字阿横，左脚下有黑记，右腋下有红痣，就像半个梳子那么大。"母亲说："真的是我丈夫啊！"于是夫妇团聚如初。当时人们说："卢里庞公，凿井得铜，买奴得翁。"

②阴方祀（sì）灶：阴方，指阴子方，南阳新野（今河南新野）人。性至孝。据《后汉书·阴识列传》，汉宣帝时，阴子方孝悌仁爱。有一年腊日，阴子方做早饭时发现灶神现身，于是两次跪拜，接受灶神的赐福。阴子方家有只黄羊，于是就用它祭祀灶神，自此发迹，变得非常富有，有田地七百余顷，车马奴仆媲美国君。世人腊日祀灶，以黄羊为供品，始于阴子方。

【译文】

庞俭挖井时竟然挖到铜矿，于是变成富人；阴子方在腊日用黄羊祭祀灶神，自此发迹。

韩寿窃香①，王濛市帽②。

【注释】

①韩寿窃香：韩寿，字德真，南阳堵阳（今河南南阳方城）人。相貌俊美，举止优雅。据《晋书·贾谧列传》，太尉贾充征召韩寿为司空掾，贾充的小女儿贾午和韩寿暗中结好。当时西域进贡了一种奇香，一旦接触身体香味经久不散。皇帝特别珍爱这个香，只赐给贾充和大司马陈骞一小部分。贾午偷偷地把父亲的香拿出来一些送给韩寿。贾充的幕僚闻到韩寿身上的香味，到贾充那里祝贺，贾充这才知道女儿和韩寿私通，于是让二人完婚。

②王濛（méng）市帽：王濛，字仲祖，太原晋阳（今山西太原）人。晋哀帝司马丕哀靖皇后的父亲。据《晋书·外戚列传·王濛》，王濛年轻时放纵不羁，行为让乡里不齿。到晚年才注意维护节操，克制自己，勤勉做事，有风雅美誉。王濛相貌俊美，举止风雅，擅长隶书。曾揽镜自照，称呼着父亲的字，说："王文开，你怎么就生了这么好的一个儿子呢！"王濛家中贫困，有一次帽子破了，到集市买帽子。卖帽子的妇女喜欢王濛的美貌，送了他一顶新帽子。

【译文】

贾午爱慕韩寿，把父亲的西域奇香偷偷赠给他；卖帽子的妇女喜欢王濛的美貌，送他一顶新帽子。

勾践投醪①，陆抗尝药②。

【注释】

①勾践投醪（láo）：勾践，春秋末年越国国君。败于吴王夫差后，勾践屈身求和，卧薪尝胆，后一举攻破吴国，成为霸主。据《列女传》，越王勾践攻打吴国时，有宾客献上一坛醪酒。越王派人把酒倒在长江上游，让士卒在长江下游饮用，味道虽然和江水一样，而士卒的战斗力增加了五倍。醪，汁滓混合的酒，即浊酒。亦可指醇酒。

②陆抗尝药：陆抗，字幼节，吴郡吴县（今江苏苏州）人。三国时
期吴国名将，陆逊次子，孙策外孙。拜大司马、荆州牧。据《晋
书·羊祜列传》，羊祜与陆抗两军对垒，通过使者相互往来。陆抗
称赞羊祜的品德与雅量，就算是乐毅、诸葛孔明也比不上。陆抗
曾经生病，羊祜给他送药，陆抗直接服下毫无疑心。大家都劝陆
抗小心，陆抗说："羊祜不是给别人下毒的人！"

【译文】

勾践伐吴时，为了笼络军心，把醇酒倒进长江，与将士们共饮；吴晋
对抗时，吴国陆抗生病，晋将领羊祜派人送药，陆抗毫无疑心地服下。

孔愉放龟①，张颢堕鹊②。

【注释】

①孔愉放龟：孔愉，字敬康，会稽山阴（今浙江绍兴）人。据《晋书·孔
愉列传》，建兴初年，孔愉出任丞相掾。后来因为讨伐华轶有功，
封余不亭侯。之前孔愉曾经路过余不亭，见有人用笼子在河里捉
龟。孔愉把捉到的龟买下来放生，龟游到河水中流后，向左看了
好几次。现在铸造余不亭侯印，而印上的龟形总是向左偏，连铸
多次也是如此。铸印的工人把这个情况报告给孔愉，孔愉有所悟
解，于是佩戴上了这枚印章。

②张颢（hào）堕（duò）鹊：张颢，字智伯，常山（今河北元氏）人。
汉灵帝时为太尉。据《博物志》，张颢为梁相的时候，一天刚下过
雨，有只像山鹊的鸟，贴地飞翔。街上的人都拿东西投掷它，鸟落
在地上，竟然变成一块圆圆的石头。张颢命人将石头砸破，里面
有一块金印，写着"忠孝侯印"。张颢后来官至太尉。

【译文】

孔愉在余不亭放生一只乌龟，后来被封余不亭侯；张颢砸破山鹊变

成的石头,得到一方金制侯印。

田豫俭素①,李恂清约②。

【注释】

① 田豫(yù)俭素:田豫,字国让,渔阳雍奴(今天津武清)人。三国时期曹魏将领。据《三国志·魏书·田豫传》,田豫被征召为卫尉,屡次请求逊位,写信说:"一个人年过七十仍居官位,这就像钟声已响,滴漏已尽,仍然夜行不休,这是在犯罪啊!"于是坚决称病重,请求辞职。田豫清廉节俭朴素,皇上给的赏赐总是分享给将士,每次胡人、狄人私下赠送的财物,全部登记在册上交官府收藏,从不往家带。家境贫寒却不收敛财物,就是异族人也都敬仰田豫的节操。

② 李恂(xún)清约:李恂,字叔英,安定临泾(今甘肃镇原)人。官拜御史,持节出使幽州,宣扬皇恩,安抚北狄。据《后汉书·李恂列传》,李恂为政清廉,生活简约,待人谦恭,经常睡羊皮,盖布被。后来因罪免职后回归乡里,潜居山泽,结草为庐,与诸生织席自给。当年闹饥荒,司空张敏和司徒鲁恭给李恂送来粮食,但都被婉拒。李恂把家搬到新安关下,拾橡果子养活自己。清约,清廉节俭。

【译文】

田豫节俭朴素,就连异族人也尊重他;李恂清廉简约,不接受别人馈赠。

义纵攻剽①,周阳暴虐②。

【注释】

① 义纵攻剽(piāo):义纵,河东(治今山西夏县)人。少时为群盗,后因其姐以医术得宠于太后,得任中郎。在任执法严明,不避权

贵,重于杀戮。据《汉书·酷吏传·义纵》,义纵年轻时曾经与张次公一起做强盗,以剽掠抢劫为生。做官后,不畏惧和回避尊贵的外戚。调任河内都尉,甫到任就诛灭当地豪强穰氏团伙,社会安宁,路不拾遗。义纵由河内都尉调任南阳太守,查办当地豪强宁成,将其抄家。又调任定襄太守,到任后将定襄监狱内重罪者以及私自探望他们的人一起拘捕,杀四百余人,让郡中人不寒而栗。攻剽,侵扰劫夺。

②周阳暴虐(nüè):周阳,指周阳由,本姓赵氏,因其父以淮南厉王刘长舅父的身份被封为周阳侯,遂改姓周阳氏。周阳由因外戚身份被任命为郎官,先后事奉汉文帝和汉景帝。据《汉书·酷吏传·周阳由》,周阳由在二千石级别的官员中最为暴虐残酷,骄横放纵。他所喜爱的人犯了死罪,就曲解法律让那人活命;他所憎恨的人就算没有罪过,也要捏造法律将其处死。无论他在哪个州郡当官,都要将该郡的豪强铲除干净。

【译文】

义纵年轻时当强盗,以攻夺剽掠为生,后来做官,执法严酷;周阳由在任时以暴虐残酷、骄横放纵著称,与义纵同为西汉著名的酷吏。

孟阳掷瓦①,贾氏如皋②。

【注释】

①孟阳掷(zhì)瓦:孟阳,指张载,字孟阳,安平(今河北衡水)人。父亲张收为蜀郡太守。张载性格闲适雅致,博学有才,擅长写文章。据《晋书·张载列传》,太康初年,张载至蜀郡探望父亲,途经剑阁。张载因为蜀人喜欢凭险要作乱,就写了一篇铭文作为劝诫。益州刺史张敏很惊奇,将张载的文章启奏给皇帝。晋武帝派人将文章镌刻在剑阁山上。张载相貌丑陋,每次出门都会被小孩

用瓦片石头投掷，然后颓丧地返回。

② 贾氏如皋（gāo）：据《左传·昭公二十八年》，古时有一位贾大夫，长得很丑，娶妻貌美，妻子三年不说不笑。有一天，贾大夫驾车带着她去沼泽打野鸡，收获很多，他的妻子才开始说话和微笑。如，去。皋，沼泽，湖泊。

【译文】

张载相貌丑陋，出门总会被小孩子投掷石头瓦片，情绪低落地回家；贾大夫同样相貌丑陋，带着妻子去沼泽地打猎，展示了自己的才能，妻子才高兴起来。

颜回箪瓢①，仲蔚蓬蒿②。

【注释】

① 颜回箪（dān）瓢（piáo）：颜回，字子渊，一作颜渊，又称颜子、颜生、颜叔。是孔子最得意的学生，在孔门四科以德行见称。谦逊好学，不幸早逝，后世尊为"复圣"。据《论语·雍也》，孔子称赞颜回说："颜回真是一个贤良的人啊，一筐简单的饭食，一瓢凉水，在偏僻简陋的巷子里，别人都受不了这种孤苦，颜回却自得其乐。他真是一个贤良的人啊！"箪，古代盛饭的圆形竹器。

② 仲蔚（wèi）蓬蒿（péng hāo）：据《高士传》，张仲蔚，扶风平陵（今陕西咸阳）人。通晓天文，学识渊博，擅长写文章，喜好诗赋。家境贫寒，院子里的野草比人都高。闭门不出，修身养性，不争名夺利。为人清高，不被人知晓，只有刘龚和他友善，是他的知音。

【译文】

颜回笃志于学，只要有一筐简单的饭食、一瓢凉水，就可以在偏僻的巷子里快乐学习和生活；张仲蔚修身养性，闭门不出，以至于院子里的野草长得比人都高。

麋竺收资①,桓景登高②。

【注释】

①麋(mí)竺收资:麋竺,字子仲,东海朐县(今江苏连云港)人。东汉末年刘备帐下重臣,累拜安汉将军。据《搜神记》,麋竺曾从洛阳回家,离家还有数十里时,路边有位妇人,请求麋竺载她一程。走了几里路后,妇人道谢告辞。对麋竺说:"我是天上派下来的使者,要去烧东海麋竺家。多谢你让我搭车,所以告诉你。"麋竺请求她的饶恕,妇人说:"不烧是不可以的,你可以赶紧回家,我在路上慢慢地走,正午就会起火。"麋竺就赶紧回家,把家中财物紧急搬出来。正午时分,家中果然起了大火。

②桓(huán)景登高:据《续齐谐记》,汝南人桓景,跟随费长房游学多年。费长房告诉他:"九月九日,你家会有灾难。你赶紧回家,为每位家人做一个绛色香囊,内装茱萸,系在胳臂上,登高山,饮菊酒,此祸可消。"桓景就让家人按费长房所说登上高山,直到晚上才回家。回家后见家中的鸡犬牛羊都死了。费长房说:"这些家禽和家畜是代你家人死的。"现在世人每到九月九日,登山饮菊花酒,带茱萸囊,就是从那个时候开始的。

【译文】

麋竺帮助一位天使后,被预警家中有火灾,于是赶紧把财产搬到屋外;桓景让家人九月九日登高并配香囊,饮菊花酒,避免了灾难。

雷焕送剑①,吕虔佩刀②。

【注释】

①雷焕(huàn)送剑:雷焕,豫章(治今江西南昌)人。精通天文纬象。据《晋书·张华列传》,起初,斗星和牛星之间常有紫气,张

华邀请雷焕一起登楼仰观天象。雷焕说:"这些紫气是宝剑的精气,直达上天。"张华问剑气是从哪个郡发出的,雷焕说:"在豫章丰城。"张华随即委任雷焕做丰城县令。雷焕到任后,掘开监狱地基,得到一具石匣子,里面有一双宝剑,一把叫龙泉,另一把叫太阿。当晚斗、牛星宿间紫气消失。雷焕将其中一把剑送给张华,另一把自己留下。

②吕虔(qián)佩刀:吕虔,字子恪,任城(今山东济宁)人。曾任徐州刺史。任用王祥担任别驾一职,民事全部委托给他处理,世人都赞扬吕虔善于任用贤能之人。据《晋书·王览列传》,起初,吕虔有把佩刀,工匠看了,认为只有位登三公的人,才可以佩带此刀。吕虔对王祥说:"如果没有那个福分,佩带这把刀可能会有祸害。你有辅佐君王的才能,因此我想把这把刀送给你。"王祥后来身居三公之位。王祥临死,又把刀转交给弟弟王览,说:"你的后人一定会兴盛,肯定能配得上这把刀。"王览后代累世出贤才,在江南非常闻名。

【译文】

雷焕根据天上的紫气判断地下埋有宝剑,挖出后送与张华一把;吕虔把自己的佩刀送给王祥,认为王祥有公辅之才,能般配这把宝刀。

老莱斑衣①,黄香扇枕②。

【注释】

①老莱斑衣:老莱,指老莱子,春秋时楚国人。因避世乱,耕于蒙山。据《高士传》,老莱子少年时就因孝敬父母而为人所知。奉养父母极其用心,总是想方设法为父母找到美味的食物。老莱子七十岁时,父母还健在。他穿上花衣服,像婴儿一样在双亲面前嬉戏,说话的时候从不言老,以免父母听到伤心。一次,老莱子给堂上

的父母端食物,不小心脚滑跌倒,他就学婴儿啼哭,孝敬父母的真诚完全发自内心。

②黄香扇枕:黄香,字文强,江夏安陆(今湖北安陆)人。黄香学识渊博,通晓经典,精通道术,能写文章,京师称他:"天下无双,江夏黄童。"官至尚书令、魏郡太守。据陶渊明《士孝传赞》,黄香九岁时母亲去世,因为思念母亲而形销骨立。他侍奉父母,竭尽全力。暑天用扇子为父母扇凉床枕,寒冬则用身子给父母暖被窝。受汉和帝嘉赏,赏赐优厚。

【译文】

老莱子为了让父母高兴,七十多了还穿上花衣服,像婴儿一样在父母面前玩耍;黄香孝顺父母,夏天用扇子给父母扇凉枕头和席子,冬天则用身体给父母温暖被窝。

王祥守柰①,蔡顺分椹②。

【注释】

①王祥守柰(nài):王祥,字休徵,琅邪临沂(今山东临沂)人。为"二十四孝"中"卧冰求鲤"的主人公。据《晋书·王祥列传》,王祥生性孝顺,继母朱氏没有慈爱之心,而王祥待继母极为恭敬谨慎。家里有棵红沙果树结了果子,继母让王祥看守。每当刮风下雨,王祥就抱着树哭泣,唯恐有果子掉下来,他的孝心真诚到这种地步。柰,一种沙果。

②蔡顺分椹(shèn):蔡顺,字君仲,汝南(治今河南平舆)人。幼年丧父,独自奉养母亲。母亲去世后还没有入土,邻里发生火灾。火势逼近蔡顺家的房子,蔡顺趴在棺材上号哭叫天,于是火势越过他家继续向前蔓延。据旧注,王莽末年,天下大乱。蔡顺靠捡拾桑葚活命,把红色的和黑色的桑葚用两个容器分开装。赤眉

军遇到后问他为什么，蔡顺说："黑色的桑葚给母亲吃，红色的我自己吃。"因为黑色的桑葚是熟果，比未成熟的红色桑葚更甜软。赤眉军被他的孝心感动，就送他一些食物。

【译文】

王祥的继母让他看守家里的沙果树，每到刮风下雨王祥都急得哭泣，怕果子掉下；蔡顺在饥荒时捡桑葚果腹，把熟透好吃的黑桑葚给母亲吃，自己吃不好吃的红桑葚。

淮南食时①，左思十稔②。

【注释】

①淮南食时：淮南，指淮南王刘安，是高祖刘邦之孙。好读书弹琴，博学善辩，能写好文章，为政以德，名声广为流传。据《汉书·淮南厉王刘长传》，起初，刘安入朝时，皇帝让他写《离骚传》。早上接到诏令，中午吃饭的时候就把成稿交上了。皇帝每次宴请接见他，总能畅谈古今得失以及方术、技艺、赋颂，一直聊到天色很晚才结束。食时，用膳的时候。

②左思十稔（rěn）：左思，字太冲，齐国临淄（今山东淄博）人。西晋文学家，其《三都赋》被人喜爱传抄，以至"洛阳纸贵"。据《晋书·文苑列传·左思》，左思相貌丑陋，口舌笨拙，言语木讷，但写文章却辞藻华丽，言语宏壮。左思想要给魏、蜀、吴三都作赋，就拜访著作郎张载，请教岷山郡和临邛的情况。构思十年乃成。门庭间，篱笆上，厕所里，都放着笔和纸，偶尔想到一句，便马上写下来。十稔，十年。稔，指庄稼成熟。一稔即为一年。

【译文】

淮南王刘安受诏写《离骚传》，早上接到诏令，到中午吃饭的时候就完成了；左思写《三都赋》，认真准备，字斟句酌，用了十年的时间。

刘惔倾酿^①,孝伯痛饮^②。

【注释】

①刘惔(tán)倾酿(niàng):刘惔,字真长,沛国相县(今安徽睢溪)人。风度清雅,有知人之鉴。据《晋书·何充列传》,何充能饮酒,很被刘惔看重。刘惔常说:"见何充饮酒,让人想把家里的佳酿全拿出来。"据说何充海量且酒后能克制自己,所以刘惔这样说。何充,字次道,庐江灊县(今安徽霍山)人。晋康帝时,为中书监、录尚书事。

②孝伯痛饮:孝伯,指王恭,字孝伯,太原晋阳(今山西太原)人。据《世说新语·任诞》,王恭说:"只要能够痛饮美酒,熟读《离骚》,就可称为名士。"

【译文】

何充能饮酒,刘惔很欣赏他,愿把自己珍藏的酒全拿出来给何充喝;王恭认为只要能痛饮美酒,熟读《离骚》,就可算作名士。

女娲补天^①,长房缩地^②。

【注释】

①女娲(wā)补天:女娲,传说中的人类始祖。据《淮南子·览冥训》,远古时,四方撑天的大柱子倒了,九州大地开裂,天不能全部覆盖大地,大地也不能全部承载万物。熊熊大火燃烧不熄,滔滔洪水不能控制。猛兽吞食无辜的民众,猛禽攫取老弱之人。于是女娲炼五色石以补苍天,斩断大龟的四足再把天支起来,杀掉黑龙拯救冀州,堆积芦灰阻止泛滥的洪水。苍天得以修补,四极被扶正,洪水退去,冀州安定,毒虫猛兽被杀死。人们又能安居乐业、繁衍生息了。

②长房缩地:据《后汉书·方术列传·费长房》,费长房遇到仙翁,跟随他学道。后来,费长房辞别仙翁回家,仙翁送给他一根竹杖,

说："骑上它，可以到任何你想去的地方。到了之后，可以把这根竹杖丢到长有葛草的池塘中。"费长房乘着竹杖，一会儿就到了家。自以为离开家也就十来天，其实人间已过十多年。费长房把竹杖丢进池塘，竹杖化龙而去。又据《神仙传》，费长房有神术，能缩地脉，可以快速千里往返。缩地，传说中化远为近的神仙之术。

【译文】

远古时天塌地陷，女娲成功把天补上，拯救了众生；费长房跟随仙翁学道，用缩地之法往返千里。

季珪士首①，安国国器②。

【注释】

①季珪（guī）士首：季珪，指崔琰，字季珪，河东武城（今河北衡水）人。崔琰担任中尉，相貌威严，举止庄重，朝中大臣们非常敬仰他，就连太祖曹操对他也很敬畏忌惮。据《三国志·魏书·崔琰传》裴松之注引《魏略》，魏明帝时，崔林与陈群品评冀州人士，称崔琰为士人之首。

②安国国器：安国，指韩安国，字长孺，梁国成安（今河南民权）人。据《汉书·韩安国传》，韩安国有雄韬伟略，才智足以逢迎世俗，但是都出于忠厚之心；韩安国贪嗜钱财，不过他所推举的人都是廉洁之士。士人都称赞和仰慕他，就连皇帝也知道他为国之重器，有将相之才。国器，可以治国的人才。

【译文】

崔林曾与陈群品评冀州人士，称崔琰为士人之首；韩安国有雄韬伟略，皇帝认为他是国之重器。

陆玩无人①，贾诩非次②。

【注释】

①陆玩无人:陆玩,字士瑶,吴郡吴县(今江苏苏州)人。器量宽宏,儒雅待人,曾任尚书、散骑常侍。据《晋书·陆玩列传》,王导、郗鉴、庾亮相继去世,朝廷内外认为陆玩有德行和名望,就推举他为司空。陆玩在会见宾客时叹息说:"以我为三公,是天下无人呐!"

②贾诩(xǔ)非次:贾诩,字文和,武威姑臧(今甘肃武威)人。魏文帝曹丕继位后,官至太尉。据《三国志·魏书·贾诩传》裴松之注引《荀勖别传》,晋司徒职位有空缺,晋武帝问荀勖谁可堪任,荀勖回答说:"像司徒这样的三公职位,为大家共同瞩目,不可以降格以求而选用那些不称职的人。当年魏文帝曹丕选用贾诩为太尉,就曾被孙权嘲笑。"非次,指不按次序,破格提升官职。

【译文】

陆玩被任命为司空后,谦虚地说:"以我为三公,是因为天下没有贤才啊!"贾诩被魏文帝曹丕提拔为太尉,被人嘲笑,认为贾诩并不是称职人选。

何晏神伏①,郭奕心醉②。

【注释】

①何晏(yàn)神伏:何晏,字平叔,南阳宛县(今河南南阳)人。据《三国志·魏书·锺会传》,何晏为吏部尚书,对王弼非常佩服,叹息说:"孔子说后生可畏,像王弼这样的后生,可以和他谈论天道与人道关系啊!"神伏,极为佩服。

②郭奕(yì)心醉:郭奕,字大业,太原阳曲(今山西阳曲)人。据《晋书·阮咸列传》,郭奕志向高远,为人爽直,有评判人高下的能力,很少推重他人。但是郭奕对阮咸一见心醉,对他情不自禁地赞叹不已。

【译文】

何晏极为佩服王弼，认为后生可畏；郭奕对阮咸一见心醉，对其赞叹不已。

常林带经^①，高凤漂麦^②。

【注释】

①常林带经：常林，字伯槐，河内温县（今河南温县）人。到上党躲避战乱，在山坡耕种。曾任幽州刺史，拜尚书，封高阳乡侯。节操清峻。据《三国志·魏书·常林传》裴松之注引《魏略》，常林父母去世早，家境贫寒，但他品格高洁，除非是自己劳动所得，不接受他人馈赠。天性好学，在田间耕种的时候也要带上经书学习。

②高凤漂麦：高凤，字文通，南阳叶县（今河南南阳叶县）人。据《后汉书·逸民列传·高凤》，高凤专心读书，昼夜不息。一次，高凤的妻子要去地里干活，走之前把麦子晾晒在庭院里，让高凤看着鸡不要啄食。暴雨突至，而高凤拿着赶鸡的竹竿诵经不止，水流把麦子冲走都不知道。等妻子回来后责怪他才醒悟过来。高凤后来成为著名学者，到老年仍然笃志于学，不知疲倦。

【译文】

常林耕种时都要带着经书，边干农活边学习；高凤只顾着学习，大雨把晾晒的麦子冲走都不知道。

孟嘉落帽^①，庾敳堕帻^②。

【注释】

①孟嘉落帽：孟嘉，字万年，江夏（今湖北安陆）人。为陶侃女婿，陶渊明外祖父。据《晋书·孟嘉列传》，孟嘉为征西将军桓温的参

军，被桓温器重。桓温在龙山设宴款待大家，僚佐们身着戎装，悉数参加。席间孟嘉的帽子被风吹掉，他却毫无察觉。桓温示意左右不要说，想看孟嘉的反应。过了很久，孟嘉去厕所。桓温让人把帽子捡回来，又让孙盛写文章嘲笑他。孟嘉回来看见孙盛的文章，马上作答，为自己落帽失礼辩护，文辞华美，众皆叹服。

②庾敱（yǔ ái）堕帻（zé）：庾敱，字子嵩，颍川鄢陵（今河南鄢陵）人。身高不满七尺，而腰带十围。行为高雅，韵致深远。据《晋书·庾敱列传》，刘舆得东海王司马越信任，很多人被他构陷，只有庾敱纵心事外，远离纠纷，让刘舆找不到可挑剔的把柄。因为庾敱极为节俭而家财万贯，于是刘舆说服司马越与庾敱换钱千万，希望庾敱吝啬不肯，这样他就可以乘机陷害庾敱。司马越在宴席上当众问庾敱这个事情，庾敱这时候已颓然大醉，头巾掉在桌子上，他直接用头把头巾顶起来，慢慢地回答说："下官家现在有两千万，随时恭候您来搬取。"帻，头巾。

【译文】

孟嘉在宴会上帽子被风吹掉而失礼，但是写的辩护文章被大家叹服；庾敱醉酒把头巾掉在桌子上，用头直接顶起来，舍弃钱财以避免祸端。

龙逢板出①，张华台坼②。

【注释】

①龙逢板出：龙逢，即关龙逢，一说关龙逄。传说中的夏桀之臣。因劝谏夏桀，被其囚杀。旧注引《论语阴嬉谶》，关龙逢被夏桀杀害后，有金板刻成的书契，在庭院地中出现，说："大臣被虐杀，君王终究也会被擒获。"

②张华台坼（chè）：张华，字茂先，范阳方城（今河北固安）人。西晋文学家、政治家。据《晋书·张华列传》，张华博闻强记，四海

之内，了如指掌。晋惠帝时，拜中书监，极尽忠诚，匡正辅佐朝廷。虽然皇帝昏庸，皇后暴虐，而四海安定，全赖张华之功。当时天象出现中台星散裂，小儿子张韪劝张华退位。张华不听，说："天道玄远，神秘莫测，唯一的办法是修养德行以应对变化。不如安静地等待，听天由命。"最终因为忠诚正直，张华被赵王司马伦、孙秀矫诏害死，朝野悲痛。台，中台，星名。坼，裂开。

【译文】

关龙逄被杀后，夏桀庭中出现金板，上写警示性谶言；天上中台星散裂，张华没有依天象预警及时退位，被奸人害死。

董奉活燮[①]，扁鹊起虢[②]。

【注释】

①董奉活燮（xiè）：董奉，字君异，侯官（今福建长乐）人。医术高明。据《神仙传》，杜燮为交州刺史，得重病而死。三日后，董奉将三个药丸放到杜燮口中，让人抱住杜燮的头反复摇动来消化。过了一顿饭的时间，杜燮张开了眼，能动弹手足，脸色也慢慢红润，半日后就能坐起来，又活了过来。

②扁鹊起虢（guó）：扁鹊，姓秦，名越人，医术高明。据《史记·扁鹊仓公列传》，扁鹊年轻时，在客馆遇到一个叫长桑君的仙人。扁鹊吃了他给的药，并接受了他的秘方书籍。从此扁鹊为别人看病，能一眼看出五脏病症所在，诊脉只不过是个幌子罢了。扁鹊路过虢国，虢国太子死了。扁鹊说："我能让他活过来。"扁鹊就让弟子打磨针和砭石，来刺三阳五会这些穴位，一会儿太子就苏醒过来。

【译文】

董奉在杜燮死三天后，用三个药丸将他医治还阳；扁鹊用针砭医治虢国太子，使其起死回生。

寇恂借一①，何武去思②。

【注释】

① 寇恂（kòu xún）借一：寇恂，字子翼，上谷昌平（今北京昌平）人。东汉名将。据《后汉书·寇恂列传》，颍川盗贼蜂起，光武帝命寇恂平定盗贼。离任时颍川百姓挡住光武帝的道路，说："愿从陛下那里，再借寇君一年。"光武帝于是把寇恂留下镇守颍川并抚慰官吏与民众，接纳剩余盗贼的投降。

② 何武去思：何武，字君公，蜀郡郫县（今四川郫都）人。西汉大臣，曾任扬州刺史，封氾乡侯，食邑千户。汉成帝时，官至大司空。据《汉书·何武传》，何武宅心仁厚，喜好提携后进，鼓励称赞别人长处，为世人所赞颂。何武憎恶拉帮结派，考察文官一定要访谈读书人，考察读书人一定要询问文官，将两者观点相互参照。何武任命官吏前，先制定条例，严防私下请托，以保公平公正。在任时也没有太多名声，离任后却被人常常思念。

【译文】

寇恂曾为颍川太守，跟随皇帝平定盗贼后，百姓请求再借寇君一年；何武为政清廉，在任时没有太多名声，离任后却常被人思念。

韩子《孤愤》①，梁鸿《五噫》②。

【注释】

① 韩子《孤愤》：韩子，指韩非，韩国贵族，法家代表人物，著有《韩非子》。据《史记·老子韩非列传》，韩非口吃，不善言谈，而善于著书立说，与李斯同为荀子的学生。考察历代政治得失，作《孤愤》《五蠹》等著作十余万言。韩非的作品被传到秦国，秦王读后赞叹不已。后来韩非出使秦国，秦王很欣赏他，但是没有信任和任

用他。李斯诋毁韩非,秦王把韩非交给司法官吏治罪,李斯派人送来毒药,迫使韩非饮毒药自杀。

②梁鸿《五噫(yī)》:据《后汉书·逸民列传·梁鸿》,梁鸿在太学学习,家境贫寒但节操高尚,博览群书,但不拘泥于字句。一次,梁鸿出函谷关,路过京师,写下《五噫之歌》:"陟彼北芒兮,噫! 顾览帝京兮,噫! 宫室崔嵬兮,噫! 人之劬劳兮,噫! 辽辽未央兮,噫!"歌词大意是:登上高高的北邙山,唉! 俯瞰壮丽的京都,唉! 宫室高峻挺拔,唉! 百姓辛劳,唉! 遥远无期,唉!

【译文】

韩非考察历史得失变迁,创作《孤愤》等文章,达十余万言;梁鸿看到高峻挺拔的宫殿,想到民间疾苦,写下《五噫之歌》。

蔡琰辨琴①,王粲覆棋②。

【注释】

①蔡琰(yǎn)辨琴:蔡琰,字文姬,蔡邕之女。学识渊博,有辩才,精通音律。据旧注,蔡琰九岁时,蔡邕夜里弹琴。一根弦断了,蔡琰说:"断的弦是第二弦。"蔡邕故意再挑断一根弦,蔡琰说:"是第四弦。"蔡邕说:"你是偶尔猜中的。"蔡琰说:"过去季札在鲁国听人演奏'国风'音乐,就能够知道一个国家的存亡情况;在郑楚之战中,晋国乐师师旷根据南曲音乐不够强劲,低靡疲弱,能够判断出楚军肯定无功而返。按这个道理推算,怎么能不知道您断的是哪根弦呢!"

②王粲(càn)覆棋:据《三国志·魏书·王粲》,王粲看别人下围棋时,棋局被弄乱,王粲将其复原。下棋的人不信,用头巾盖住棋盘,让他再重新复原一局。等王粲再摆出一局,把这两局一比较,一个棋子也不错乱,王粲的记忆力如此惊人。还有一次,王粲与

人同行,他们读路边的一块碑文。同伴问王粲:"你能背下来吗?"王粲说:"能。"王粲转过身背诵,结果一字不差。

【译文】

蔡琰精通音律,能猜中父亲弹琴时断弦是哪一根;王粲记忆力惊人,能把打乱的围棋复原。

西门投巫①,何谦焚祠②。

【注释】

①西门投巫:西门,指西门豹,战国时期魏国人。魏文侯时任邺县令。据《史记·滑稽列传》,西门豹为邺县令后,决心根治河神娶妇对当地人的危害。在河神娶妻的时间,当着邺县官员、豪绅、长者以及百姓的面,西门豹把主持河神娶妇的女巫和她的三个女弟子、三老投入黄河,让他们前去和河神沟通。当西门豹准备从官吏和豪绅里再挑人下去催促河神时,这些人惊恐万状,吓得跪倒在地,不停磕头,头破血流。从此再也没有人敢提给河神娶妻的事情。西门豹又带领百姓开凿了十二条河渠,引水灌田,造福一方。

②何谦焚祠(cí):何谦,字恭子,东海(治今山东郯城)人。据旧注,何谦跟从谢玄征伐,骁勇果敢,机智多谋。不敬畏神灵,遇到神庙,就放火烧掉。

【译文】

西门豹把为河神娶妻的女巫等人投到河里,从此再也没有人敢以为河神娶妻为借口恐吓和欺压邺县百姓了;何谦不信神灵,遇到神庙,就放火烧掉。

孟尝还珠①,刘昆反火②。

【注释】

①孟尝还珠：孟尝，字伯周，会稽上虞（今浙江绍兴）人。据《后汉书·循吏列传·孟尝》，汉顺帝时，孟尝担任合浦太守。合浦田地不产粮食，而海里盛产珍珠。之前的太守大多贪婪，责令人们大量采集珍珠，不知节制。珍珠便渐渐地迁徙到邻郡，于是购买珠宝的商人不再来合浦。没有食物和草料，大量穷人饿死在路上。孟尝到任后，革除旧弊，访问民间疾苦，不到一年，珍珠又回到合浦境内。

②刘昆反火：刘昆，字桓公，陈留东昏（今河南兰考）人。据《后汉书·儒林列传·刘昆》，建武初年，刘昆任江陵县令。当时江陵连年发生火灾，每次刘昆都向火叩头，大多能降雨止风。皇帝觉得神奇，问刘昆反风灭火的原因，刘昆回答说："这只不过是巧合而已。"皇帝身边的人都笑刘昆过于老实，不知借机邀功。皇帝叹息说："这是忠厚长者说的话啊！"反火，指让风转向，消灭火灾。

【译文】

孟尝一改前弊，访民疾苦，结果合浦珠还；刘昆对火叩头，总能天降大雨，反风灭火。

姜肱共被①，孔融让果②。

【注释】

①姜肱（gōng）共被：姜肱，字伯淮，彭城广戚（今江苏沛县）人。据《后汉书·姜肱列传》，姜肱与两个弟弟姜仲海、姜季江都以孝行著称。兄弟三人天生友爱，常同床共卧。姜肱曾经与弟弟季江夜里遇到强盗，兄弟俩争着去死，强盗被感动，于是把他们两个释放。

②孔融让果：孔融，字文举，鲁国（治今山东曲阜）人。据李贤注解《后汉书·孔融列传》，孔融兄弟七人，他排第六。四岁时，孔融

和哥哥们一起吃梨,孔融总是挑小的吃。有人问他原因,孔融说:
"我年龄小,按道理就应该拿小的。"家族里的人听孔融这么说,
都觉得这孩子不一般。

【译文】

姜肱兄弟三人天生友爱,常同床共被而卧;孔融四岁的时候,吃水果
就知道礼让大家。

端康相代①,亮陟隔坐②。

【注释】

①端康相代:端,指韦端,京兆(治今陕西西安)人。康,指韦康,字
　元将,韦端之子。据《三辅决录》,韦端从凉州牧任上征召为太
　仆,随即韦康接替父亲被任命到凉州为刺史,当时人们都认为很
　荣耀。孔融曾给韦端写信,说:"前天元将(韦康)来访,学识渊
　博,才能超群,风度雅致,个性弘毅,真是安邦定国的人啊! 昨日
　仲将(韦端次子韦诞)又来访,品性贞洁,谈吐敏捷,笃实诚信,未
　来肯定能光耀你家门楣。没有想到这两颗优秀的珍珠竟然都是
　出自你这个老蚌。"

②亮陟(zhì)隔坐:亮,指纪亮,丹杨秣陵(今江苏南京)人。陟,指
　纪陟,字子上,纪亮之子。据《三国志·吴书·孙皓传》裴松之注
　引《吴录》,吴主孙休执政时,纪亮为尚书,纪陟为中书令。每次
　朝会,孙休都下诏用屏风把他们的座位单独隔离开,给予特别优
　厚的待遇。后用为父子同朝之典。

【译文】

韦康和父亲韦端接力在凉州任职,在别人看来这是一种很高的荣
耀;纪陟和父亲纪亮被吴主孙休宠爱,每次朝会都为他们的座位设立单
独的隔断。

赵伦瘤怪^①,梁孝牛祸^②。

【注释】

①赵伦瘤怪:赵伦,指赵王司马伦,字子彝,司马懿第九子。拜车骑
　　将军,谄媚事奉皇后贾南风,成为贾后亲信。据《晋书·赵王伦
　　列传》,司马伦篡取帝位后,屡遇怪事。率众到太庙祭祀,回来时
　　突遇怪风,把仪仗中的麾盖都刮断了。一次司马伦在殿中捉到一
　　只怪鸟,连着好几天的傍晚,宫中有个穿白衣的小孩说是服刘鸟。
　　司马伦派人捉住小孩子,把他和鸟一起投进牢房。第二天,牢门
　　关闭如故,孩子和鸟却不知所踪。司马伦眼上长了一个瘤子,当
　　时人们都认为是有妖怪作祟。晋惠帝复位后,司马伦被赐死。

②梁孝牛祸:梁孝,指梁孝王刘武,是汉文帝刘恒的儿子,汉景帝刘
　　启的同母弟。据《汉书·梁孝王刘武传》,梁孝王到梁山打猎,有
　　人献上一头牛,牛足从背上长出,孝王很讨厌这头牛,不久后病
　　死。梁孝王生前家财巨万,临死时,府库还存有黄金四十余万斤,
　　其他财物与黄金价值相当。史官评价说,梁孝王刘武依仗皇帝的
　　宠爱而贪得无厌,被怪牛警告惩罚,最终担忧而死。

【译文】

司马伦眼上长瘤子,人们认为是有妖怪作祟;有人献给梁孝王一头
怪牛,他不久后担忧而死。

桓典避马^①,王尊叱驭^②。

【注释】

①桓(huán)典避马:桓典,字公雅,沛郡龙亢(今安徽怀远)人。官
　　拜侍御史。据《后汉书·桓典列传》,当时宦官把持朝政,桓典执
　　法一视同仁,不避权贵。他常骑一匹青花马,京师的人都敬畏忌

惮他,相互告诫说:"走路一定要走走停停,边走边看,避开骑青花马的御史桓典。"后来因为忤逆宦官,长达七年不被提升。汉献帝时,为光禄勋。

②王尊叱(chì)驭(yù):王尊,字子赣,涿郡南阳(今河北高阳)人。据《汉书·王尊传》,王尊被任命为益州刺史。之前王阳也曾被任命为益州刺史,行至邛郲九折阪,看到路途艰险,叹息说:"父母给的血肉之躯,怎能以身涉险,走此危途呢?"等到王尊为益州刺史,走到九折阪,问属下:"莫非这就是那条让王阳心生畏惧的路?"随从说:"是的。"王尊就大声命令车夫说:"赶车! 他王阳爱惜身体是个孝子,我王尊不惜性命愿为忠臣。"驭,驾驶马车,这里指车夫。

【译文】

桓典刚正不阿,人们看到桓典骑马过来,吓得赶紧避让;王尊忠勇无双,面对危途,命令车夫驱马直前。

晁错峭直①,赵禹廉倨②。

【注释】

①晁(cháo)错峭(qiào)直:晁错,颖川(今河南禹州)人。少学法家学说,因精通文献典籍而被任命为太常掌故。据《汉书·晁错传》,晁错待人严峻刚直,刻薄不近人情。汉景帝时,晁错为御史大夫。晁错向景帝陈说诸侯之罪过,请求削减他们的土地,在晁错的主持下,修改的法令有三十余章。诸侯哗然,记恨晁错,于是吴、楚七国以诛杀晁错为由起义,晁错最终被斩杀在东市。峭直,严峻刚正。

②赵禹(yǔ)廉倨(jù):赵禹,汉武帝时掌管文案,后升为御史,直至中大夫。据《汉书·酷吏传·赵禹》,赵禹为人廉洁,个性清高,当官以来,家中没有寄养的食客。公卿们相互拜访请客的交往,赵禹都不

参加。杜绝亲朋好友的邀请,以便可以独立无干扰地实行自己的主张,按自己的意志办事。廉倨,廉洁无贪,孤傲清高。倨,傲慢。

【译文】

晁错待人严峻刚直,刻薄不近人情;赵禹为人廉洁,个性清高。

亮遗巾帼①,备失匕箸②。

【注释】

①亮遗巾帼(guó):据《晋书·宣帝纪》,诸葛亮领兵十余万出斜谷,驻扎在郿县渭水的南部平原,与司马懿对垒。曹魏朝廷认为诸葛亮长途用兵,利在速战速决,反复下令让司马懿稳重行事,不必急于迎敌。诸葛亮多次挑战,司马懿都按兵不动,于是诸葛亮给司马懿送来女人的头巾发饰。司马懿大怒,上表请求决一死战,朝廷不许,派遣卫尉辛毗手持符节前来节制。诸葛亮再来挑战,司马懿想要出兵应战,辛毗就手持符节立于军门,不许通行。两军对垒百余天,诸葛亮染病去世。巾帼,古代妇女的头巾和发饰。

②备失匕箸(bǐ zhù):备,指刘备,字玄德,涿郡涿县(今河北涿州)人。三国时期蜀汉建立者。据《三国志·蜀书·先主刘备》,汉灵帝末年,黄巾军造反,各个州郡都组织起镇压乱军的义兵,帮助朝廷平叛。刘备率部众讨贼有功,被任命为安喜县尉,累迁豫州牧,随从曹操到许昌。一次,曹操假装不经意地和刘备说:"方今天下英雄,只有你我二人。袁绍之类的人,不足为道。"当时刘备正在吃饭,闻言吓得羹匙和筷子落地。匕箸,羹匙和筷子。

【译文】

诸葛亮和司马懿率兵对垒,诸葛亮送给司马懿女人衣物,以羞辱和激怒他;曹操在吃饭时试探刘备说:"现在天下英雄,唯有你我二人。"刘备吓得羹匙和筷子落地。

张翰适意①,陶潜归去②。

【注释】

①张翰适意:张翰,字季鹰,吴县(今江苏苏州)人。才能卓越,擅长写文章,性格放纵,不受拘束。据《世说新语·识鉴》,张翰被齐王司马冏征召为大司马东曹掾。张翰见天下纷纷,祸乱不已。秋风刮起时,思念吴中的菰菜、莼羹、鲈鱼鲙,感叹说:"人生贵得适意,何必在外做官,追求名号爵位!"于是返回家乡。当时人们都推崇佩服他的旷达。

②陶潜归去:陶潜,字元亮,浔阳(今江西九江)人。陶侃曾孙,年少志高,学识广博,擅长写文章,颖悟洒脱,不受世俗羁绊,率性自然。据《晋书·隐逸列传·陶潜》,陶潜素来清高矜持,不谄媚上司。陶潜为彭泽县令时,郡上派遣督邮巡行至彭泽县,小吏告诉陶潜:"应该整理好衣带再去拜见督邮。"陶潜叹息说:"我不能为了五斗米折腰,低三下四地事奉乡里小人!"随即解下印绶辞官而去,写下《归去来兮辞》。后来朝廷征召他为著作郎,没有接受。

【译文】

张翰追求生活适意,不愿为了当官而被羁绊在千里之外的异乡;陶潜不愿为了五斗米折腰事奉乡里小人,辞官归家。

魏储南馆①,汉相东阁②。

【注释】

①魏储南馆:魏储,指魏国储君,即后来的魏文帝曹丕,字子桓。据《文选·魏文帝与吴质书》,曹丕为太子时,曾与元城令吴质通信,说:"我每每想起我们曾经在南皮游乐,实难忘怀。大家在北场纵马驰骋,在南馆住宿并大快朵颐,将甘甜的瓜果放进冰澈的泉流,

把紫红的李子泡入清冽的凉水。红日西坠,皓月东升,我们同乘车辇,到后园游玩。这样的快乐稍纵即逝,难以长久啊!"

②汉相东阁:汉相,指汉武帝丞相公孙弘,菑川薛县(今山东滕州)人。年轻时家境贫寒,以在海边牧猪为生。公孙弘四十多岁的时候,开始学习《春秋》和各家学说。据《汉书·公孙弘传》,汉武帝致力于开疆拓土,建功立业,屡屡提拔贤良之士,公孙弘因对策优异而被重用。公孙弘从一介平民,数年间就官至宰相并被封侯。鉴于自己的经历,公孙弘营建客馆,打开朝东的小门,以延请贤人,并让他们参与议论研讨政事。

【译文】

魏文帝曹丕做储君时,曾和吴质等人在南馆游玩;汉朝丞相公孙弘开东阁之门,招揽天下贤士。

楚元置醴①,陈蕃下榻②。

【注释】

①楚元置醴(lǐ):楚元,指楚元王刘交,字游,是汉高祖刘邦的弟弟,喜欢读书,多才多艺。据《汉书·楚元王传》,刘交与鲁国的穆生、白生、申公一起跟浮丘伯学习《诗经》。刘交被封为王,以穆生等为中大夫,对其以礼相待,非常尊敬。穆生不嗜酒,每次大家聚会宴饮时,刘交就为穆生单独准备甜酒。刘交去世,刘交的孙子刘戊即位,开始还经常为穆生单独准备甜酒,后来渐渐就忘掉了。穆生说:"可以离去了,甜酒不设,王的态度懈怠了。再不走,楚国人将用铁链锁住我的脖子,把我拴在集市上了。"穆生于是称病辞去。申公、白生不以为然,后来被刘戊迫害。醴,甜酒。

②陈蕃(fán)下榻:陈蕃,字仲举,汝南平舆(今河南平舆)人。据《后汉书·徐稚列传》,陈蕃为豫章太守时,以礼对待徐稚,请他为

功曹。陈蕃性格方正严峻，不轻易见宾客，只接待徐稚来访。为徐稚专门准备一张床榻，徐稚走后就把床榻悬挂起来。

【译文】

楚元王刘交为不善饮酒的穆生单独准备甜酒，刘交去世后，甜酒不设，穆生就辞官离去；陈蕃尊重廉洁正直的徐稚，专门为他准备床榻，来则下榻，走后挂起。

广利泉涌①，王霸冰合②。

【注释】

①广利泉涌：广利，指李广利，中山（今河北定州）人。曾因军功封海西侯，后兵败投降匈奴，被单于杀害。据《汉书·李广利传》，李广利带兵前往讨伐大宛，目的是到贰师城取回良马，所以号称贰师将军。耿恭曾说："贰师将军拔佩刀刺山，有飞泉涌出。"

②王霸冰合：王霸，字元伯，颍川颍阳（今河南许昌）人。追随光武帝刘秀，为功曹令史。据《后汉书·王霸列传》，王郎起兵，悬赏捉拿刘秀，刘秀带兵向南奔逃。军队到滹沱河边，负责侦察的士兵回来报告说，水面上全是浮冰，没有船只，无法渡河。刘秀命令王霸再去察看，王霸怕大家恐慌，谎称："冰很厚，可以过河。"刘秀笑着说："之前侦察的人果然在说假话。"就带兵前进，等到河边时，河里的冰已经冻在一起。刘秀令王霸监护大家过河，等到就差几骑人马还没有过河时，冰又融化裂开了。

【译文】

李广利行军时缺水，用刀劈岩石，有泉水涌出；刘秀带兵过河，王霸谎称河水结冰，到达时河水竟然真的冻结，将士得以顺利过河。

孔融坐满①，郑崇门杂②。

【注释】

①孔融坐满：据《后汉书·孔融列传》，孔融爱好学习，学识渊博，涉猎广泛，为北海相。当时袁绍和曹操势力最为强大，而孔融并不依附他们。孔融志存高远，立志平定天下，匡救时弊。然而志大才疏，终无所成。孔融生性宽容，极少妒忌别人，喜欢结交有才华之士，愿意提携后人。担任太中大夫的闲职时，每天宾客盈门。曾叹息说："但愿座上客常满，樽中酒不空，我就没有忧愁了。"

②郑崇门杂：郑崇，字子游，北海高密（今山东高密）人。汉哀帝时为尚书仆射。据《汉书·郑崇传》，皇帝想要封赏祖母傅太后的堂弟傅商，被郑崇劝谏阻止，太后大怒。又因为进谏皇帝对董贤宠幸过度，而再次获罪。尚书令赵昌奸佞谄媚，趁机陷害郑崇，上奏皇帝说："郑崇与皇族勾结，疑有奸情，请予查办。"皇帝责备郑崇说："你自己门庭若市，为何要控制朕和什么人交往呢？"郑崇回答说："臣虽门庭若市，但我心清如水，我愿意接受考查审核。"皇帝大怒，将郑崇下狱，最终冤死狱中。

【译文】

孔融曾叹息说，但愿高朋满座，杯中酒满，就没有忧愁了；郑崇结交的人很多，以至于门庭若市，但他心清如水。

张堪折辕①，周镇漏船②。

【注释】

①张堪折辕（yuán）：张堪，字君游，南阳宛县（今河南南阳）人。十六岁时，在长安学习，志向远大，砥砺操守，人称"圣童"。曾任蜀郡太守、骑都尉。据《后汉书·张堪列传》，皇帝曾召见各郡管理账务的计吏，询问前后各任守令的治理才能。蜀地的计吏副职禀告说："之前张堪在蜀郡的时候，为政以德，广施恩惠。叛贼公孙

述被打败时，收缴的珍宝堆积如山，财物足以让后代十世富贵。而张堪离任的时候，乘坐辕木断了一截的破车子，随身携带的行李仅仅是布被包裹而已。"皇帝听闻叹息不已。

②周镇漏船：周镇，字康时，陈留尉氏（今河南尉氏）人。清静寡欲，有政绩。据《世说新语·德行》，周镇从临川离任返回京都，途中在清溪渚驻船休息，丞相王导上船探望。当时是夏天，正赶上暴雨。船舱狭小，船篷破旧，漏雨严重，甚至连个坐的地方都没有。王导说："胡威以清廉闻名，可怎么能超过周镇这样的情形呢！"于是举用周镇为吴兴太守。

【译文】

张堪廉洁奉公，离任时乘坐断辕的破车；周镇清廉正直，离任时乘坐漏雨的破船。

郭伋竹马①，刘宽蒲鞭②。

【注释】

①郭伋（jí）竹马：郭伋，字细侯，茂陵（今陕西兴平）人。少有大志。据《后汉书·郭伋列传》，郭伋为并州牧，巡视考察西河郡美稷县时，有好几百个小孩骑着竹马，在路边迎接拜见他，郭伋向他们表示感谢。等郭伋完成公务，这群孩子又把他送到城外，并问他何日再来。郭伋计算了一下时间，把再来的日子告诉孩子们。等郭伋再来的时候，时间比预定早了一天，郭伋为了不失信于孩子们，就在郊野的亭子中逗留一晚，第二天按约定好的时间进城。竹马，儿童游戏时当马骑的竹竿。

②刘宽蒲鞭：刘宽，字文饶，弘农华阴（今陕西华阴）人。桓帝时任南阳太守。据《后汉书·刘宽列传》，刘宽温和仁慈，宽容待人，哪怕在仓猝之间，也不会对人疾言厉色。下属或百姓犯错，刘宽

仅仅用蒲草鞭子抽打他们，示辱而已。夫人想试试刘宽，找机会故意惹他生气。一次，他要朝会出门，已经穿戴齐整，夫人就派婢女端碗肉汤，假装不小心把刘宽的朝服弄脏。婢女急忙收拾，刘宽神色不变，慢慢地问："肉汤烫着手了吗？"刘宽就是如此有度量，天下人都称赞他德行高尚。

【译文】

郭伋巡视时有骑竹马的儿童迎送，郭伋宁肯在郊外亭中多住一晚，也不失约于儿童；刘宽在下属和民众犯错时，只用蒲鞭轻轻责打，以示惩罚。

许史侯盛①，韦平相延②。

【注释】

①许史侯盛：据《汉书·外戚传·孝宣许皇后》，汉宣帝封许皇后的父亲许广汉为平恩侯，封许广汉的两个弟弟许舜和许延寿分别为博望侯和乐成侯。许氏封侯者有三人。又据《汉书·外戚传·卫太子史良娣》，汉宣帝封母亲史良娣兄长之子史高为乐陵侯，史曾为将陵侯，史玄为平台侯，史高的儿子史丹以功德封武阳侯。史氏封侯者有四人。

②韦平相延：韦，指韦贤、韦玄成父子。平，指平当、平晏父子。据《汉书·平当传》，平当因通晓经学而被召为博士。汉哀帝时，平当为丞相。平当的儿子平晏因为通晓经书而官至大司徒（即丞相）。在汉朝，平当父子和韦贤父子都担任过丞相之职。

【译文】

许家和史家因外戚身份而得势兴盛，一门连续多人被封侯；汉朝父子都官至丞相的，仅有韦贤、韦玄成父子和平当、平晏父子。

雍伯种玉①，黄寻飞钱②。

【注释】

①雍（yōng）伯种玉：据《搜神记》，洛阳人杨雍伯生性孝敬，父母去世后，将他们葬在无终山。杨雍伯在父母墓旁结庐为家，烧茶供往来行人免费饮用。三年后，一人来喝水，随后给他一斗石子，说："把它们种在平坦有石头的高地，就会有玉长出来，之后也能娶到贤惠的妻子。"杨雍伯就把石子种下，几年来常去察看，见有很小的玉慢慢从石头上长出来。后来，杨雍伯以五双玉璧为聘礼，娶北平名门望族徐氏家女儿为妻。后以种玉比喻缔结良缘。

②黄寻飞钱：据《幽冥录》，海陵人黄寻家境贫寒，有一天暴风雨裹挟着钱飞到他家，被他家的篱笆挡住，落得满院皆是。黄寻把这些钱收起，于是成了富翁。

【译文】

杨雍伯因帮助过往行人，得到神仙赠送的玉石种子，种出美玉并娶得贤惠的妻子；暴风雨把大量钱币吹到黄寻家，让他成为巨富。

王允千里①，黄宪万顷②。

【注释】

①王允千里：王允，字子师，太原祁县（今山西祁县）人。据《后汉书·王允列传》，郭林宗见到王允后，认为他与众不同，说："王允一日千里，是辅佐帝王之才。"王允从小有远大的志向和节操，决心建立功名。见董卓篡逆之心已经显露，就与司隶黄琬等人秘密谋划诛杀董卓。

②黄宪千顷（qǐng）：黄宪，字叔度，汝南慎阳（今河南正阳）人。世代贫贱，父亲为牛医。据《后汉书·黄宪列传》，郭林宗年轻时在汝

南游历，先去拜访袁闳，当天告辞，没有过夜。随后到黄宪那里，一直逗留好多天才离去。有人问他原因，郭林宗说："袁奉高的器量，如同泉水，虽然清澈但很容易舀取；而黄叔度如湖泊千顷，沉淀它不会因之而清澈，搅动它也不会浑浊，不可估量。"后来黄宪被察举为孝廉，又被公府征召，都没有接受。奉高，是袁闳的字。

【译文】

王允有千里之才，能辅佐帝王；黄宪如万顷湖泊，深广不可测。

虞騑才望①，戴渊锋颖②。

【注释】

① 虞騑（yú fěi）才望：虞騑，字思行，会稽余姚（今浙江余姚）人。曾任吴兴太守。据《晋书·虞騑列传》，王导曾评价虞騑："孔愉有三公的才能而没有三公的名望，丁潭有三公的名望而没有三公的才能，至于你，则是才望相符，二者皆为你所有啊！"官位没有显达就去世了，时人为之惋惜。

② 戴渊锋颖：戴渊，字若思，广陵（今江苏扬州）人。据《世说新语·自新》，戴渊年轻时曾为游侠儿，在江淮一带抢劫。陆机休假后返回洛阳，随身携带的行李很多。戴渊让手下去抢劫，自己在岸上靠着椅子指挥。虽然做的不是什么正经事情，但气度非凡，神采出众。陆机在船上远远地对戴渊说："你这么有才华，为什么要做强盗呢？"戴渊听完，哭着丢下手中的宝剑投靠陆机。戴渊言辞和气度都非同寻常，很受陆机器重，二人结为朋友。锋颖，锋芒，比喻卓越的才干、凌厉的气势。

【译文】

虞騑既有三公的才能又有三公的名望，名副其实；戴渊才华卓越，就算在抢劫，也显得气度非凡。

史鱼黜殡^①，子囊城郢^②。

【注释】

①史鱼黜殡（chù bìn）：史鱼，名鳅，字子鱼。春秋末卫国史官，以正直敢谏著称。据《孔子家语·困誓》，卫大夫蘧伯玉贤良，不被卫灵公任用；弥子瑕不正派，却被重用。史鱼反复劝谏，卫灵公就是不听。史鱼去世前，告诉儿子：“我在朝为官，不能推举蘧伯玉，也不能让弥子瑕被罢免，这是不能匡正君王的过失啊！我生前无法匡正君王，死后就不能以礼安葬。等我死后，把我的尸体停放在窗户下面，以完成我的遗愿。”卫灵公来吊唁，看到棺材停在窗户下面，感到奇怪，史鱼的儿子把父亲说过的话告诉卫灵公，灵公愕然失色，说：“寡人之过也！”将史鱼以礼安葬，任用蘧伯玉，斥退弥子瑕。黜殡，指在旁室殡敛，不居正堂。

②子囊城郢（yǐng）：子囊，芈姓，名贞，字子囊。楚庄王之子。据《左传·襄公十四年》，楚国公子子囊临终前，给子庚留遗言说：“一定要修筑郢地的城墙。”因为楚国迁都到郢后，内城、外城的墙都没有筑好，公子燮和公子仪因为修筑城墙而作乱，事件还没有得以平息，子囊就去世了，所以留下遗言以表自己的愿望。人们认为子囊非常忠诚，临死也不忘社稷。

【译文】

史鱼让儿子把灵柩停放在旁室，用尸体劝谏卫灵公；子囊临终不忘社稷安危，遗言让修筑郢都的城墙。

戴封积薪^①，耿恭拜井^②。

【注释】

①戴封积薪（xīn）：戴封，字平仲，济北刚县（今山东宁阳）人。据

《后汉书·戴封列传》，戴封被推举为贤良方正，在回答策问时名列第一，被提拔为议郎，后任西华县令。当时汝水、颍水一带发生蝗灾，但蝗虫唯独不进入西华境内。发生旱灾时，戴封向上天祈祷却没有奏效，于是命人堆起柴草，自己坐在柴堆上，自焚以明志。柴草被点燃，火势渐大，突然间暴雨倾盆，远近无不感叹信服。

②耿恭拜井：耿恭，字伯宗，扶风茂陵（今陕西兴平）人。耿恭少孤，自幼慷慨，多雄才大略，有将帅之才。据《后汉书·耿恭列传》，耿恭据守疏勒城，对阵匈奴。匈奴兵阻断水源，耿恭在城中凿井，十五丈深都不见有水。官吏士兵渴极，到了榨马粪汁喝的地步。耿恭仰天长叹："之前听闻贰师将军李广利曾拔佩刀刺山，有飞泉从山中涌出。现在汉朝德行可通神明，怎么可能走投无路？"于是整理衣服对着井口敬拜并祈祷，没多久，泉水喷涌而出。

【译文】

戴封担任西华县令时遇到大旱，他堆积柴薪，决心自焚以祈雨，暴雨倾盆；耿恭被匈奴围困，官兵无水可喝，耿恭对井而拜，泉水喷涌。

汲黯开仓①，冯谖折券②。

【注释】

①汲（jí）黯开仓：汲黯，字长孺，濮阳（今河南濮阳）人。据《汉书·汲黯传》，汉武帝即位后，汲黯担任谒者。河内郡发生火灾，烧了一千多家，武帝派汲黯前往视察，回来报告说："普通人家失火，是因为邻居之间房屋毗连，以至于大火蔓延，但这都不足为虑。反倒是河内郡的穷人受水灾、旱灾影响的有万余家，已到父子相食的地步。根据当时的情况，我就凭着所持符节，发放了河内郡官仓里的粮食来赈济灾民。现在我请求归还符节，并请您治我假传圣旨之罪。"武帝认为这样做是有仁爱之心的贤德行为，就没有治

汲黯的罪。

②冯谖（xuān）折券（quàn）：据《战国策·齐策》，齐国有个叫冯谖的人，家里穷得活不下去，就托人向孟尝君田文传话，愿当他的门客，寄食门下。后来冯谖为孟尝君到薛地收债。冯谖到薛地后，把民众召集起来，让欠债者都来核对债券，然后假传孟尝君的命令，宣布免掉这些债务，并当场把债券烧掉，民众欢呼万岁。冯谖以这种方式为孟尝君买“义”。再后来，孟尝君被国君罢黜回到自己的封地薛地，民众扶老携幼夹道欢迎，孟尝君转过头对冯谖说：“先生您为我买的‘义’，今天终于见到了。”折券，谓毁弃债券，不再收取债务。

【译文】

汲黯凭所持符节，假传圣旨发放官仓里的粮食，赈济灾民；冯谖受孟尝君委托，到薛地收债，却谎称孟尝君免除了民众的债务，为他买义。

齐景驷千①，何曾食万②。

【注释】

①齐景驷（sì）千：齐景，指齐景公，名杵臼，春秋时齐国君。好治宫室，厚赋重刑。据《论语·季氏》，齐景公拥有四千匹良马，但是他死的时候，民众对他却没有赞美的话。驷，同驾一辆车的四匹马。

②何曾食万：何曾，字颖考，陈留阳夏（今河南太康）人。爱好学习，见闻广博，在曹魏任司徒。晋武帝司马炎称帝后，官拜太尉。据《晋书·何曾列传》，何曾性情奢侈，好铺张浪费，帷帐车幔极度华丽，膳食餐饮胜于君王。每次朝见宴饮，不吃御厨做的饭菜，皇帝就让他自带食物。每天饮食要花费万钱，还说“没有下筷子的地方”。刘毅等人多次上奏弹劾何曾的奢侈无度，皇帝因为他是开国重臣的原因，一概不加过问。

【译文】

齐景公生活奢靡，所养的马匹数量达到四千匹；何曾铺张浪费，每天吃饭需要消耗万钱。

顾荣锡炙①，田文比饭②。

【注释】

①顾荣锡炙（zhì）：顾荣，字彦先，吴郡吴县（今江苏苏州）人。据《晋书·顾荣列传》，赵王司马伦篡位，司马伦的儿子司马虔任大将军，任顾荣为长史。先前，顾荣与同僚们宴饮，见烤肉的人容貌不凡，有想吃烤肉的神色，顾荣把自己那份烤肉割下一部分请他吃。同座的人问原因，顾荣说："岂有整天烤肉，却不知道烤肉滋味的道理？"后来司马伦失败，顾荣被俘，将要被杀。当年那个烤肉的人正好任督率，将顾荣救出，得以免死。锡，通"赐"。赐给。炙，烤肉。

②田文比饭：田文，即孟尝君，是齐威王的孙子。父亲田婴，为齐国国相。田婴去世后，田文接替为相，受封万户于薛。据《史记·孟尝君列传》，田文大力招揽来自各地的宾客以及犯罪逃亡之人，天下之士都倾心向往，以至于食客达数千人。无论贵贱，田文与他们一律平起平坐，同等对待。一次，田文夜里请客人饮食，有人挡住了灯光，客人以为宾主的食物不同，非常愤怒，停下碗筷就要告辞而去。田文赶紧起身，端着自己的饭让他看，客人惭愧得自杀而死。因此，士人们都愿意归附他。

【译文】

顾荣在宴饮时同情烤肉的人从来没有吃过烤肉，就把自己那份分给他；田文平等对待宾客，拿自己的饭和客人的饭对比。

稚珪蛙鸣①，彦伦鹤怨②。

【注释】

①稚珪（zhì guī）蛙鸣：稚珪，指孔稚珪，一作孔珪，字德璋，会稽山
阴（今浙江绍兴）人。南朝齐明帝时，为南郡太守。据《南齐
书·孔稚珪列传》，孔稚珪在自家宅院里打造山水景观，靠着几案
独自饮酒，世俗琐事一概不问。庭院内野草丛生而不修剪，草丛
里蛙鸣不断。有人问他："你要效仿陈蕃吗？"陈蕃年轻时室内非
常杂乱，曾声称："大丈夫应当扫除天下，何必在乎一间屋子？"孔
稚珪说："我把蛙鸣当成两部鼓吹音乐来娱乐自己，何必效法陈蕃
呢？"王晏曾安排鼓吹乐队迎接孔稚珪，听到群蛙鸣叫，说："这些
蛙鸣真吵闹，太聒人耳了。"孔稚珪说："我感觉你鼓吹乐队的演
奏还不如这些蛙鸣呢。"王晏面有惭愧。

②彦伦鹤怨：彦伦，指周颙，字彦伦，汝南安城（今河南正阳）人。据
《南齐书·周颙列传》，周颙写文章言辞华美，辩才敏捷，长于佛
理。起初，周颙隐居钟山，后来出任县令。孔稚珪路过他在钟山
的草堂，作《北山移文》，嘲讽他隐居于山，内心渴望的却是功名
利禄。其中有"蕙帐空兮夜鹤怨"这样的句子。

【译文】

孔稚珪不喜世俗，把蛙鸣当成鼓吹音乐来娱乐自己；周颙曾隐居钟
山，后出仕为官，钟山草堂蕙帐空虚，让夜间的飞鹤感到怨恨。

廉颇负荆①，须贾擢发②。

【注释】

①廉颇负荆：廉颇，战国时齐国名将。据《史记·廉颇蔺相如列
传》，蔺相如因功被拜为上卿，位在廉颇之上。廉颇说："我身为将
军，有攻城野战之大功，而相如凭借口舌，位居我上。更何况，他
本身就是一个卑贱之人。我以位居他之下为耻！"并公开宣称：

"我见到他的话一定要羞辱他。"相如听闻后，不肯与廉颇碰面，每次朝会都声称自己生病，不和廉颇争位次高下。就算在路上偶遇，也会远远躲开。后来，廉颇终于知道蔺相如是先国家之急，而不计个人恩怨，于是赤裸上身，登蔺相如门负荆请罪，二人冰释前嫌。

②须贾擢（zhuó）发：须贾，战国时魏国人。据《史记·范雎蔡泽列传》，范雎最初在魏国大夫须贾手下任职，因误会被残害，后被秦王拜为客卿，又担任秦国的国相，封为应侯。须贾后来出使秦国，范雎身穿破旧的衣服来见须贾。须贾留范雎一起吃饭，并赠送他一件粗丝袍。得知范雎实为秦国国相后，须贾大惊，向范雎谢罪说："我的生死任凭您发落，我犯下的罪过比我的头发都多啊！"范雎说："因为你尚有老朋友的旧情，赠给我一件粗丝袍子，我才饶你不死。"擢发，拔下头发计数，比喻数量很多。

【译文】

廉颇知道蔺相如不计私仇，以国家安危为重后，负荆请罪；须贾自认为犯下的罪恶比头发还多，而范雎念在老朋友的交情，饶他不死。

孔翊绝书①，申嘉私谒②。

【注释】

①孔翊（yì）绝书：孔翊，字元性。据《太平御览》引《鲁国先贤志》，孔翊担任洛阳令时，在庭院里放置一口大水缸，凡接到别人请托的书信，全部投到水中，从不打开。

②申嘉私谒（yè）：申嘉，即申屠嘉，梁郡（治今河南商丘）人。据《汉书·申屠嘉传》，申屠嘉是位能拉开硬弓的大力士，随从高帝刘邦进攻项羽。汉文帝时，申屠嘉官至丞相，为人廉洁正直，在家里从不接待私自请托。私谒，因私事而拜访请托。

【译文】

洛阳令孔翊大公无私,将请托的书信都扔进水缸;丞相申屠嘉廉洁正直,在家里从不接待私自请托。

渊明把菊①,真长望月②。

【注释】

①渊明把菊:陶渊明,又名潜,字元亮,号五柳先生,浔阳柴桑(今江西九江)人。据《南史·隐逸列传·陶潜》,九月九日那天陶渊明没有酒喝,一人独自在篱边菊花丛中,摘一大把菊花怅然独坐。过了很久,忽然发现有位身穿白衣的人过来,竟是太守王弘来给他送酒,大喜过望,二人一醉方休。

②真长望月:真长,指刘惔,字真长,沛国相县(今安徽濉溪)人。少年时品行清明高远,有风度才气,与母亲寄居京口,家境贫寒,以编织草鞋为生。虽荜门陋巷,刘惔却能怡然自得,后来得到王导的器重,渐有名气。据《世说新语·言语》,刘惔曾说:"清风习习,朗月当空,让人怀念许玄度。"玄度,是高士许询的字。

【译文】

九月九日重阳节那天,陶潜无酒可喝,手把菊花怅然独坐;刘惔在清风徐徐、朗月当空的晚上,怀念许玄度的风采。

子房取履①,释之结袜②。

【注释】

①子房取履(lǚ):子房,指张良,字子房。刘邦重要谋士,被封留侯。据《汉书·张良传》,张良在下邳的桥上散心,有一老人身穿粗布衣服,到张良面前,径直把自己的鞋子甩到桥下,然后对张良说:

"小子,帮我把鞋子取上来。"张良很惊讶,强忍怒火下去把鞋子捡回来,又跪着给他穿上。老人反复考验张良后,送给他一编书,说:"读了这编书,可以做君王的老师。"此书即《太公兵法》,张良钻研此书,后跟随刘邦征战,屡立奇功。据说老人是有名的谋略家黄石公。

②释之结袜:释之,指张释之,字季,南阳堵阳(今河南方城)人。张释之官拜廷尉,因执法公平而被天下称赞。据《汉书·张释之传》,有位隐士王生,精通黄老思想。王生在宫廷里,当着三公九卿对张释之说:"我的袜子松了,请你帮我把袜带系上。"于是张释之跪下给他把袜带系好。有人责备王生不该当众羞辱张廷尉,王生说:"我年纪大了,也没有什么地位,料想自己没有什么能帮得上张廷尉。我让他给我系袜子,想要从德行和名声上抬举他。"诸位公卿听闻后,都称赞王生是位贤士而敬重张释之。

【译文】

张良到桥下为老人捡鞋子,得到老人赠送的一编兵书;张释之当着众多公卿为老者系袜带,被大家敬重。

郭丹约关^①,祖逖誓江^②。

【注释】

①郭丹约关:郭丹,字少卿,南阳穰县(今河南邓州)人。据《后汉书·郭丹列传》,郭丹七岁丧父,对后母谨遵孝道。后母可怜他,卖掉自己的衣装,为郭丹置办产业。后来赴长安拜师学习,购买通行证进入函谷关,郭丹慨然而叹:"我郭丹如果不能乘坐使者的车子,绝不再出函谷关。"后来更始帝征召郭丹为谏议大夫,乘使者车,手持符节出使南阳。离家十二年后,郭丹终于实现了当年立下的志向。约关,意思是说郭丹在函谷关口立下志向。

②祖逖（tì）誓江：祖逖，字士稚，范阳遒县（今河北保定）人。博览
群书，遍涉古今。据《晋书·祖逖列传》，祖逖见社稷倾覆，常怀
振复之志。后来，晋元帝任祖逖为奋威将军、豫州刺史。祖逖带
领原先失散的部属和民众一百余户渡江，当船至中流，祖逖击楫而
誓，说："我祖逖如果不能清扫中原贼寇而让晋室复兴，就如这滔滔
江水，永不回头，决不罢休。"言辞神色壮烈，众人都慨叹钦佩。

【译文】

郭丹去京师拜师学习，进入函谷关时立志不取得成功不再回来；祖
逖渡江时发誓要平定中原，复兴晋室。

贾逵问事①，许慎无双②。

【注释】

①贾逵（kuí）问事：贾逵，字景伯，扶风平陵（今陕西咸阳）人。博
通经史，论著达百余万言，时称通儒。据《后汉书·贾逵列传》，从
儿童开始，贾逵就常生活在太学里，凡事向人请教。因为贾逵身
高八尺二寸（约一米九），人称"贾长头"，所以儒生们都说："问
事不休贾长头。"

②许慎无双：许慎，字叔重，汝南召陵（今河南漯河）人。著名经
学家、文字学家，所著《说文解字》是中国首部字典。据《后汉
书·儒林列传·许慎》，许慎本性淳厚，博学经典，马融很推崇尊敬
他。当时人们评价许慎说："五经无双许叔重。"担任郡功曹，被推
举为孝廉，后升迁为洨县长。

【译文】

贾逵勤于请教别人，不弄明白不罢休；许慎博学经典，对"五经"的
掌握上，没有人能比得过。

娄敬和亲^①，白起坑降^②。

【注释】

①娄敬和亲：娄敬，西汉大臣。因献西都关中之策有功，被刘邦赐姓刘，后封建信侯。白登之围后，献和亲策。据《汉书·娄敬传》，冒顿单于兵强马壮，拥有四十万骑兵，多次犯边。汉高祖刘邦很忧虑，和娄敬商量对策。娄敬说："陛下您如果能把长公主嫁给单于为妻，并多赠财货，冒顿单于一定会让您女儿做阏氏，这样她生的儿子就是太子，再派出善辩之士用礼节讽喻教导他们。冒顿活着，自然就是您的女婿；如果冒顿死了，您的外孙就会成为新的单于。您听说过有外孙和外祖父对抗的吗？"高祖于是选派一位刘姓女子代替长公主嫁给单于，令娄敬前往缔结和亲盟约。

②白起坑降：白起，郿地（今陕西眉县）人。善于用兵，事奉秦昭王，号武安君。据《史记·白起王翦列传》，秦军侵犯赵国，多次挑战，廉颇采取守势，率领赵军坚壁不出。后赵国中秦国反间计，让只会纸上谈兵的赵括代替廉颇为将。赵括军最终战败，四十万士兵投降白起。白起考虑："赵国士兵反复无常，如果不全部杀掉，恐怕后期会作乱。"于是用欺诈的方法把降兵全部活埋，赵国大为震惊。

【译文】

娄敬劝汉高祖刘邦考虑国家刚刚建立，不要与匈奴对抗，而用和亲的办法绥靖匈奴；在秦国和赵国的对抗中，赵国战败，白起将赵国俘虏全部活埋。

萧史凤台^①，宋宗鸡窗^②。

【注释】

①萧史凤台：据《列仙传》，萧史是秦穆公时人，善于吹箫。穆公女

弄玉喜欢他,穆公就将女儿嫁给了他。几年后,萧史吹出来凤鸣一样的声音,有凤凰被箫声吸引,飞落在他的屋顶。萧史于是建造高台,名为凤台,和妻子弄玉住在凤台之上,好多年都没有下来。一天早上,夫妻二人乘凤而去。

②宋宗鸡窗:据《幽冥录》,晋朝兖州刺史宋处宗,买了一只打鸣时声音拉得很长的鸡。处宗很喜欢这只鸡,就把它养在窗前。后来鸡开口说人话,能与处宗谈论玄理,所言极有深意,整天谈论而不停歇,处宗因此功业大进。

【译文】

萧史的箫声引来了凤凰,因此建立凤台,夫妻二人生活其上,最后得道成仙;宋处宗买了一只鸡养在窗前,最后口吐人言,能和宋处宗交谈。

王阳囊衣①,马援薏苡②。

【注释】

①王阳囊衣:王阳,一作王吉,字子阳,琅邪皋虞(今山东即墨)人。儿子为王骏,孙子为王崇,都官至御史大夫。王崇在汉平帝时为大司空。据《汉书·王崇传》,家族从王阳到王崇,世代有清廉名声,然而都喜欢宝马香车、锦衣玉食,衣食住行极为讲究,却没有金银锦绣之物。每次搬家,随身行李不过一包袱替换衣服而已,不积累家产。天下人都佩服他品行清廉,而对他极致追求车马衣食又感到不解。

②马援薏苡(yì yǐ):马援,字文渊,扶风茂陵(今陕西兴平)人。据《后汉书·马援列传》,马援在交趾时,常以薏米为食,吃后身轻体健,少私寡欲,能抵御瘴气入体。南方薏米颗粒硕大,马援想把它带到北方做种子,就在军队班师回朝时装了一车。人们误以为这些薏米种子是马援从南方拉回来的奇珍异宝,权贵们都想分到一

些。但因马援当时正受皇帝恩宠,所以没有人敢过问这个事情。马援死后,就有人上书诬陷马援,说之前从交趾拉回来的全是明珠、有花纹的犀牛角等宝物,引得皇帝震怒。薏苡,又叫薏米,一年生草本植物。

【译文】

王阳不积蓄钱财,离任时只有一个衣服包袱,人称清廉;马援从交趾拉回一车薏米种子,却被诬陷为敛财。

刘整交质①,五伦十起②。

【注释】

①刘整交质:据《文选·任昉奏弹刘整》,刘整在梁为官,担任中军参军之职。起初,刘整的哥哥刘寅为西阳郡内史。刘寅去世后,侄子在刘整家里住了十二天。刘整就向刘寅的妻子范氏要口粮,范氏还没有给他,刘整大怒,拿走范氏的车帷作为抵押。范氏告至御史台,御史中丞任昉认为此举为教义所不容,奏请除去刘整官职,交付廷尉治罪。交质,交换人质。这里指用车帷来抵押口粮。

②五伦十起:五伦,指第五伦,字伯鱼,京兆长陵(今陕西咸阳)人。据《后汉书·第五伦列传》,第五伦性格质朴敦厚,不擅长文辞修饰,在位时以正直廉洁著称,有人问第五伦:"您有私心吗?"第五伦回答说:"之前有人送我一匹千里马,我虽然没有接受,但每次需要三公推举选拔人才时,我心里总想着那个送马的人。虽然我最终没有推荐他,但就是不能忘怀。我哥哥的孩子生病,我一夜起十次前去探望,回来后就安心睡觉。我的儿子生病,虽然探望的次数不多,但我却整夜不眠。像这样,能说没有私心吗?"

【译文】

刘整因为侄子在自己家吃了十二天的饭,就抢走嫂子车上的帷幔作为抵押来索要饭费；第五伦哥哥的儿子生病,他一晚上要起床十次前去探望。

张敞画眉①,谢鲲折齿②。

【注释】

①张敞画眉:张敞,字子高,平阳（今山西临汾）人。据《汉书·张敞传》,张敞担任京兆尹,不刻意为自己营造威严的人设。曾为妻子画眉,整个长安城传说张敞画的眉很妩媚,有司据此弹劾张敞有失体统。宣帝问他,张敞回答说:"我听说闺房内,夫妇间私密之事,超过画眉的很多。"宣帝爱惜张敞才能,也就没有追究苛责。

②谢鲲（kūn）折齿:谢鲲,字幼舆,陈国阳夏（今河南太康）人。少年成名,通达简约,有远见卓识,不修威仪。东海王司马越召谢鲲为属官。据《晋书·谢鲲列传》,谢鲲行为放荡,不拘礼法,后因家僮犯事被免职。大家为之惋惜,而谢鲲却唱歌弹琴,不以为意。邻居高氏家的女儿相貌俊美,谢鲲挑逗她,女子用织布的梭子投掷谢鲲,砸掉他两颗牙齿。当时人们说谢鲲:"放浪不止,幼舆折齿。"谢鲲听闻后,傲然长啸说:"就算掉了两颗牙齿,却不耽误我长啸而歌。"

【译文】

张敞不拘俗礼,亲自为妻子画眉;谢鲲挑逗邻居家的女儿,被砸掉两颗牙齿。

盛彦感螬①,姜诗跃鲤②。

【注释】

①盛彦（yàn）感螬（cáo）:盛彦,字翁子,广陵（今江苏扬州）人。

据《晋书·孝友列传·盛彦》，母亲因疾病双目失明，盛彦不接受官府的辟举和征召，亲自服侍奉养。母亲病的时间久了，婢女多次因为照顾不周被责打。婢女衔恨在心，趁着盛彦出门，把蛴螬烤焦了给他母亲吃。母亲吃后感觉味道鲜美，怀疑是不正常的怪东西，偷偷藏起来一个留给盛彦看。盛彦看后，抱着母亲痛哭，以至于气绝。等盛彦苏醒过来，发现母亲的眼睛突然睁开，眼病竟然痊愈。蛴，蛴螬，金龟子的幼虫。

②姜诗跃鲤：姜诗，广汉（今四川德阳）人。据《后汉书·列女列传·姜诗妻》，姜诗侍母至孝，妻子庞氏奉养婆婆更是用心。母亲爱喝江水，长江离家六七里，姜诗的妻子常逆流到上游打水。母亲嗜好鱼鲙，又不肯独食，姜诗夫妇就努力挣钱买鱼，请邻居大娘陪母亲一起吃。一天，房子旁边突然有泉水涌出，水的味道和江水完全一样，每天早上还会有两条鲤鱼从水中跃出，供给两位老人食用。

【译文】

盛彦的孝心感动了母亲吃下去的蛴螬，治好了母亲的眼病；姜诗夫妻拼命劳作供养母亲，房子边出现一眼泉水，每天有鲤鱼跃出。

宗资主诺，成瑨坐啸①。

【注释】

①宗资主诺，成瑨（jìn）坐啸：宗资，南阳（今河南南阳）人。桓帝初为汝南太守。成瑨，字幼平，弘农（今河南灵宝）人。年少笃学，有清名。桓帝时为南阳太守。据《后汉书·党锢列传》，汝南太守宗资重用功曹范滂（字孟博），南阳太守成瑨重用功曹岑晊（字公孝），两郡有歌谣："汝南太守范孟博，南阳宗资主画诺；南阳太守岑公孝，弘农成瑨但坐啸。"意思是，汝南政务由功曹范孟博掌权，而太守宗资只负责在文书上签字；南阳政务由功曹岑公孝定

夺,太守成瑨只闲坐吟啸。主诺,亦称"主画诺",长官对下属意见签字表示同意。坐啸,闲坐吟啸,后指为官清闲或不理政事。

【译文】

汝南太守宗资和南阳太守成瑨重用助手,而他们自己则悠闲地在文书上勾画一下或闲坐吟啸而已。

伯成辞耕①,严陵去钓②。

【注释】

①伯成辞耕:伯成,指伯成子高。据《庄子·天地》,尧治理天下时,伯成子高被立为诸侯。尧传天下给舜,舜传天下给禹。伯成子高认为世道要衰落,于是辞去诸侯职位而去耕种。

②严陵去钓:严陵,指严光,字子陵,会稽余姚(今浙江余姚)人。年轻时曾与光武帝刘秀一起游学,关系友好。据《后汉书·逸民列传·严光》,光武帝即位后,严光知道他会找自己,于是更名改姓,躲起来不见光武帝。光武帝思念严光的才能和德行,画出他的相貌按图寻找。后来齐国上奏说,有一男子披着羊裘在沼泽中钓鱼。光武帝知道这个人就是严光,往返多次才把他请来。严光被安置在长乐宫,那里有朝廷早已为他准备好的被褥,每天的饮食由给光武帝做饭的太官亲自安排。光武帝授予严光谏议大夫之职,严光不接受,于是归隐富春山,以耕种钓鱼为生。后人称严光钓鱼处为"严陵濑"。

【译文】

伯成子高辞去诸侯职位,以耕种为生;严子陵不接受光武帝授予的官职,耕钓于富春山。

董遇三余①,谯周独笑②。

【注释】

①董遇三余：董遇，字季直，弘农（今河南灵宝）人。性格质朴，不善
言辞，爱好学习。据《三国志·魏书·王朗传》裴松之注引《魏
略》，董遇与哥哥董季中以采野稻卖钱为生，干活时随身携带经
书，稍有闲暇便加习读。后举孝廉，历任郡守、侍中、大司农。善治
《老子》《春秋左氏传》。曾有人向他求学，董遇说："读书百遍而义
自见"，"学习要利用好'三余'，冬天农活不多，是一年之闲暇；夜
晚停止劳作，是一日之闲暇；阴雨天无法劳作，也是闲暇时间。这
些闲暇，皆为时间之余，都是读书的好时候"。余，剩余、多余，这
里指闲暇之时。

②谯（qiáo）周独笑：谯周，字允南，巴西西充（今四川西充）人。据《三
国志·蜀书·谯周传》，谯周爱好古书，笃志于学，家境贫寒，却不治
家产。诵读经典古籍，能一个人高兴得笑起来，以至于废寝忘食。
谯周潜心研究六经，尤其精通《尚书》《礼记》，对天文也颇有心得。

【译文】

董遇劝人读书，要不废闲暇，用"三余"时间读书；谯周诵读典籍，欣
然独笑，以至于废寝忘食。

将闾仰天①，王凌呼庙②。

【注释】

①将闾（lǘ）仰天：将闾，秦始皇庶子。据《史记·秦始皇本纪》，胡
亥阴谋得到皇位后，听信赵高谗言，屠杀同胞兄弟，把将闾兄弟三
人囚禁在内宫，说他们不守臣道，应当处死。将闾说："宫廷的礼
节，我从来不敢违背掌管礼仪的宾赞的指导；朝廷上的位次，我从
来不敢有所僭越；奉命对答，我从来不敢失言。为什么说我不守
臣道呢？我希望知道自己犯了哪条罪过，好死得明白！"将闾仰

天大呼,连喊三次:"苍天啊! 我没有罪过!"兄弟三人都痛哭流涕,然后拔剑自杀。

②王凌呼庙:王凌,字彦云,太原祁县(今山西祁县)人。据《三国志·魏书·王凌传》,曹魏皇帝曹芳懦弱无能,王凌、令狐愚密谋废除他,而改立楚王曹彪为帝。司马懿识破王凌的计划,将王凌逮捕并押解进京。途中经过贾逵(字梁道)庙,王凌大呼说:"贾梁道,我王凌是大魏忠臣,你有神通,是能够知道我的啊!"于是饮毒酒而死。贾逵为曹魏名臣,历仕三朝,为魏国统一做出卓越贡献,王凌反抗司马懿而守魏,故有此呼。

【译文】

将闾死前仰天大呼三声,宣称自己无罪;王凌对贾逵庙大呼,以示自己守卫魏室之志。

二疏散金①,陆贾分橐②。

【注释】

①二疏散金:二疏,指疏广、疏受。疏广,字仲翁,东海兰陵(今山东兰陵)人。疏受,字公子,是疏广之兄的儿子。据《汉书·疏广传》,汉宣帝时,疏广为太子太傅,疏受为太子少傅,在整个朝廷中荣耀无限。叔侄二人告老还乡时,皇帝赐给黄金二十斤,太子又赠五十斤。回到乡里,每天置办酒席,请族人、故旧等宾客宴饮娱乐,督促家人把朝廷赏赐的金子卖掉以供应每天的饮食。疏广说:"这些金子,是圣明的君主恩赐给我用来养老的,我每天与大家宴饮是因为我愿意和大家共同分享皇上的恩赐,以此度过余生。"族人们对他心悦诚服。

②陆贾分橐(tuó):陆贾,跟随刘邦平定天下,有辩才。据《汉书·陆贾传》,当时汉朝初建,国家刚刚稳定,尉佗平定南越后,自

立为王。高祖派陆贾赐尉佗印,封他为南越王。陆贾到南越后不辱使命,说教尉佗,使其幡然醒悟。尉佗送给陆贾价值千金的珍宝,赠送的其他礼物也价值千金。陆贾有五个儿子,他将出使南越时所得财物卖掉换为金子,分给儿子们,每人二百金,让他们用这些钱去生产经营。橐,口袋。

【译文】

疏广、疏受叔侄两人告老还乡后,把朝廷赐给的黄金与族人共享;陆贾把钱财分给儿子们,让他们去生产经营。

慈明八龙①,祢衡一鹗②。

【注释】

①慈明八龙:慈明,指荀爽,字慈明,颍川颍阴(今河南许昌)人。据《后汉书·荀爽列传》,荀淑的八个儿子,名字分别为荀俭、荀绲、荀靖、荀焘、荀汪、荀爽、荀肃、荀旉,皆有名声,人们称其为"八龙"。其中荀爽自幼好学,十二岁就能通晓《春秋》《论语》,太尉杜乔见到他,称赞说:"未来能成为世人的老师!"荀爽一心研习经书,邻里之间庆典吊唁这样的事情都不参加,朝廷征召他为官,不接受任命,颍川郡的人们都说:"荀氏八龙,慈明无双。"

②祢(mí)衡一鹗(è):祢衡,字正平,平原般县(今山东乐陵)人。据《后汉书·文苑列传·祢衡》,祢衡少年有才,善于辩论,意气用事,待人接物桀骜不驯,只和孔融(字文举)、杨修(字德祖)友善。祢衡常说:"大儿孔文举,小儿杨德祖,其余全部碌碌无为,不足挂齿。"孔融也深爱他的才华。当时祢衡刚二十岁,而孔融已是而立之年。孔融上书推荐祢衡,评价他说:"鸷鸟累百,不如一鹗。"鹗,一种凶猛的水鸟,通称鱼鹰。

【译文】

荀淑的八个儿子皆有名气，其中荀爽号称无双；孔融向曹操推荐祢衡，评价他说"一百只普通的鸷鸟，比不上一只鱼鹰"。

不占殒车①，子云投阁②。

【注释】

①不占殒（yǔn）车：据《新序·义勇》，齐国崔杼杀了齐庄公，齐国大夫陈不占听闻齐君遇难，准备前去救援。出发前，吓得吃饭拿不住汤匙，乘车抓不住车轼，驾车的人说："你吓成这样，就算去了有什么用？"陈不占说："愿为国君殉命，是道义公理，没有勇气，是个人私事，我不能因私害公。"于是奔赴战场，听到厮杀之声，惊骇而死。人们说："陈不占真可谓是仁者之勇啊！"

②子云投阁：据《汉书·扬雄传》，扬雄四十多岁的时候，从蜀郡到京师游历。因文章雅致，扬雄得大司马王音赏识，被召为门下史，与王莽、刘歆并列。哀帝初年，又和董贤同官。王莽篡位后，扬雄因学生刘棻获罪被牵连。办案的使者前来逮捕扬雄，当时他在天禄阁校书，怕自己无法逃脱干系，慌忙中从天禄阁跳下，差点儿摔死。王莽知道扬雄素来不参与政治事件，专门下诏对他不予追究。

【译文】

齐国崔杼弑君，大夫陈不占前往救难，在战车上被厮杀声惊吓殒命；扬雄坐罪被查，吓得从天禄阁跳下，差点儿摔死。

魏舒堂堂①，周舍鄂鄂②。

【注释】

①魏舒堂堂：魏舒，字阳元，任城樊县（今山东兖州）人。幼年丧父，

被外祖父家收养。据《晋书·魏舒列传》,魏舒英俊伟岸,酒量很
大。性格迟钝纯朴,不为乡亲所看重。不学习普通人的交往礼节,
不做沽名钓誉的事情。能包容帮助别人,而不揭人短。曾任相国
司马昭的参军,被司马昭器重。每次朝会结束,司马昭都会目送魏
舒离开,说:"魏舒相貌堂堂,是众人之领袖。"

②周舍鄂鄂(è):周舍,晋国大夫赵简子的家臣,喜欢直言进谏。据
《史记·赵世家》,周舍死后,赵简子每次上朝时看起来很不开心。
大夫们请罪,赵简子说:"你们没有过错。我听说千羊之皮不如一
狐之腋。大夫们上朝,我只听到你们唯唯诺诺的声音,却再也听
不到周舍直言争辩的声音,所以我心有烦忧啊!"鄂鄂,直言争辩
的样子。鄂,通"谔"。

【译文】

魏舒得司马昭器重,被夸奖相貌堂堂,是众人之领袖;赵简子称赞周
舍直言争辩,就像千羊之皮不如一狐之腋。

无盐如漆①,姑射若冰②。

【注释】

①无盐如漆:无盐,指齐国无盐县之女钟离春。据《列女传》,钟离
春奇丑无比,皮肤若漆一般黑,却自我炫耀不已,年过四十仍然嫁
不出去。一天,钟离春整理好自己的粗麻衣裳,前去请求拜谒齐
宣王,愿做宣王姬妾,为之扫除后宫。宣王正在渐台宴饮,左右闻
言,掩口大笑。钟离春向宣王陈述了齐国面临的四大危险。宣王
听后,下令立刻拆除渐台,停止女乐,贬退谄谀之人,除掉雕琢伪
饰,广纳直言,延请地位低微的贤能之士,册立太子,拜请无盐为
王后,齐国因此大为安宁。

②姑射若冰:姑射,指藐姑射,神话中的山名。据《庄子·逍遥游》,

在遥远的藐姑射山，有神人居住，肌肤若冰雪一样洁白，姿态婀娜像少女妙曼。不吃五谷，吸清风，喝露水，乘云气，驾驭飞龙，畅游于四海之外。

【译文】

无盐女钟离春相貌丑陋，皮肤如黑漆，但德行高洁，被齐宣王拜为王后；姑射山的神人肌肤若冰雪，能畅游四海之外。

邾子投火^①，王思怒蝇^②。

【注释】

①邾（zhū）子投火：邾子，指邾国国君邾庄公。据《左传·定公三年》，邾庄公性格暴躁又有洁癖，有一次他在门楼上俯瞰庭院，见到守门人用瓶子盛水往庭院里洒。邾庄公大怒，门人撒谎说："因为刚才夷射姑在这里撒尿了。"邾庄公命人去捉拿夷射姑，没有抓到。邾庄公更为生气，从床上跳下来，不小心倒在炉炭上，浑身烧伤溃烂而死。

②王思怒蝇：王思，济阴（今山东菏泽）人。王思政绩卓著，官至九卿，封列侯。然而他办事苛求细节，没有大的格局。据《三国志·魏书·梁习传》裴松之注引《魏略》，王思性急，曾执笔写信，一只苍蝇落在笔端，赶走就再飞回来，这样反复好几次。王思大怒，起身追赶苍蝇，没有抓到，回来抓起笔，掷在地上，用脚完全踩坏才罢休。

【译文】

邾庄公要拿人问罪，一着急跌倒在炭火里，烧伤而死；王思写信时被苍蝇打扰，一怒之下把笔摔坏踏碎。

苻朗皂白^①，易牙淄渑^②。

【注释】

①苻（fú）朗皂白：苻朗，字元达，略阳临渭（今甘肃秦安）人。氐族，官拜青州刺史。据《晋书·苻朗列传》，苻朗善于品尝美味，能明察食物属性。有人杀鸡给苻朗吃，端上来后，苻朗说："这只鸡栖息时常常一半进窝一半在外面露着。"核实后证明苻朗说得很对。又有一次吃鹅肉，苻朗能知道鹅身上黑毛、白毛长在什么位置。人们不信，记下来再试苻朗，说的一点不差。当时人们都认为他能够知味。皂白，黑与白。

②易牙淄渑（zī miǎn）：易牙，春秋时齐桓公宠臣，善烹饪。据《列子·说符》，孔子曾说：从淄水和渑水中取水，倒在一起，易牙品尝一下就能分辨出来两种河水比例的多少。淄渑，即淄水和渑水，位于今山东省内。

【译文】

苻朗吃鹅肉，能判断出鹅身上哪个位置长黑毛，哪个位置长白毛；把淄河水和渑河水倒在一起，易牙品尝一下就能区别。

周勃织簿①，灌婴贩缯②。

【注释】

①周勃织簿（bó）：周勃，沛县（今江苏沛县）人。西汉开国将领，名将周亚夫之父。据《汉书·周勃传》，周勃以编织养蚕的器具为生，还常给办丧事的人家吹箫，力气很大，能拉开强弓。刘邦起义，周勃以侍从身份参战，因功封绛侯。周勃为人质朴耿直，敦厚忠诚，刘邦以为可托付大事。簿，簿曲，养蚕的器具，多用竹篾或苇篾编制。

②灌婴贩缯（zēng）：灌婴，睢阳（今河南商丘）人。据《汉书·灌婴传》，灌婴最初是贩卖丝织品的商人，以侍从官的身份追随刘邦。等到项羽兵败垓下，灌婴率骑兵追击项羽到东城，大破敌军，手

下的五名士兵合力将项羽杀掉。以功封颍阴侯,文帝时灌婴任宰
相。缯,古代对丝织物的总称。

【译文】

在追随刘邦起义前,周勃以编织养蚕的器具为生,灌婴以贩卖丝织
品为生。

马良白眉①,阮籍青眼②。

【注释】

①马良白眉:马良,字季常,襄阳宜城(今湖北宜城)人。据《三国
志·蜀书·马良传》,马良弟兄五人,才华出众,皆有名声,乡里
谚语说:"马氏五常,白眉最良。"马良眉中有白毛,所以称他为白
眉。刘备称帝,任命马良为侍中。刘备向东征讨吴国,派马良到
武陵,招纳五溪的蛮夷部落。各部首领都愿归顺,接受蜀汉的官
印和封号。

②阮(ruǎn)籍青眼:阮籍,字嗣宗,陈留尉氏(今河南尉氏)人。据
《晋书·阮籍列传》,阮籍听闻步兵食堂的厨师擅长酿酒,有存酒三
百斛,就请求担任步兵校尉。阮籍不拘礼节,能作青白眼,见到恪
守俗礼之人就翻出白眼对着他。阮籍的母亲去世,嵇喜来吊唁,阮
籍翻出白眼,嵇喜不高兴地走了。嵇康带着酒和琴来拜访,阮籍大
喜,这才露出青眼。青眼,黑眼珠在眼眶中间,指对人喜爱或器重。

【译文】

马良眉中有白毛,所以被称为白眉马良;阮籍对狂放不羁的超迈之
士加以青眼,而对拘于俗礼的人则白眼相对。

黥布开关①,张良烧栈②。

【注释】

① 黥（qíng）布开关：黥布，即英布，六县（今安徽六安）人。与韩信、彭越并称汉初三大名将。据《汉书·黥布传》，黥布犯法被施以黥刑，被发配到骊山服劳役，后带领刑徒中的豪杰之士归属项梁。因为黥布多次以少胜多击败秦军，被大家信服。项羽引兵西上，直至函谷关，不能进入。于是派黥布等人先从小道偷袭，击败守军，打开关隘，这才得以入关。项羽封赏诸位将领时，封黥布为九江王。后来归附汉王刘邦，被封为淮南王。黥，古代在人脸上刺字并涂墨的刑罚。

② 张良烧栈（zhàn）：据《汉书·高帝纪》，灭秦后，项羽自立为西楚霸王，据梁楚之地，立刘邦为汉王，统领巴蜀、汉中之地。刘邦去自己的封国后，张良辞别刘邦回韩国，刘邦一直送他到褒中。张良建议刘邦烧断栈道，以防有人从后面偷袭，同时向项羽表明无向东发展的决心。刘邦听从了张良的建议，命人烧断栈道，此举果然让项羽放松了对汉军的警惕。

【译文】

黥布带人从小道偷袭，打开函谷关口，项羽这才得以入关；张良建议刘邦烧断栈道，以防偷袭，同时可让项羽安心。

陈遗饭感①，陶侃酒限②。

【注释】

① 陈遗饭感：陈遗，吴郡（治今江苏苏州）人。少为郡吏，事母至孝。据《南史·陈遗列传》，陈遗的母亲爱吃锅底焦饭，陈遗在外供职的时候，每次煮饭，就把锅底烧焦的饭装在袋子里留给母亲。后来发生叛乱，陈遗已积攒了很多焦饭，常随身携带。百姓因战乱四散逃窜，很多人被饿死，陈遗因为这些焦饭得以存活下来。母

亲担心陈遗安危，昼夜哭泣，导致眼睛失明。陈遗回到家，进入房间向母亲拜了两次，嚎啕大哭，母亲的眼睛突然就明亮了。

②陶侃酒限：陶侃，字士行，鄱阳（今江西九江）人。陶侃官拜太尉，都督荆江等诸郡的军事，封长沙郡公。据《晋书·陶侃列传》，陶侃每次饮酒，都先规定好喝酒的量，经常是还未尽兴酒就喝完了。下属劝陶侃再多喝一点儿，陶侃说："年轻时曾酒后犯错，当时与父母约定饮酒要有度，现在父母虽然故去，但是不敢违犯约定。"

【译文】

陈遗收集很多母亲爱吃的焦饭，在战乱中存活下来，人们说这是陈遗的孝心感动了上天；陶侃喝酒一定要限量，不敢违反年轻时和父母的约定。

楚昭萍实①，束皙竹简②。

【注释】

①楚昭（zhāo）萍实：楚昭，指楚昭王，春秋时楚国国君。据《孔子家语·致思》，楚昭王渡江时，江中有个东西，大如斗，圆而赤，径直撞到楚昭王的船上。划船的人把它从江中捞上，没有人知道是什么。楚王派使者到鲁国问孔子，孔子说："这个东西叫萍实，可以切开吃。这是个吉祥之物，只有能称霸诸侯的人才会得到它！"楚王就把萍实吃了，味道极美。孔子之前到郑国，路过陈国野外，听到孩子们唱童谣："楚王渡江得萍实，大如拳，赤如日，剖而食之美如蜜。"楚王从江中得到这个东西就是童谣的应验。

②束皙（xī）竹简：束皙，字广微，阳平元城（今河北大名）人。束皙博学多闻，年轻时在太学学习，后担任佐著作郎。据《晋书·束皙列传》，当初，有人盗掘魏王墓，得到竹书数十车。晋武帝将这些竹书交付给负责文献的秘书，对其进行校勘、补缀、排序，用今

文进行解读。束皙任著作郎,有机会阅览竹书,对有疑问的地方加以辨析,都有考证依据。又有人在嵩山下得到一枚竹简,上面有两行蝌蚪文。束皙看到后说:"这是汉明帝墓中的文书。"后经验证,果然如此。

【译文】

楚昭王过江得到萍实,是吉祥的象征;束皙博学多闻,能识别竹简上的文字。

曼倩三冬①,陈思七步②。

【注释】

①曼倩三冬:曼倩,指东方朔,字曼倩,平原厌次(今山东惠民)人。幽默诙谐,善辞赋。据《汉书·东方朔传》,东方朔曾上书汉武帝,说:"臣父母早亡,由兄嫂抚养长大。我十三岁开始读书,用三年的时间精通文学和历史。十五岁学击剑。十六岁学《诗经》《尚书》,诵读二十二万字。十九岁学习孙吴兵法,有关作战阵形的布局、队伍进退的节奏等内容,我也诵读了二十二万字。……这样,我就可以做天子您的大臣了。"汉武帝大为惊奇,认为东方朔不同寻常。三冬,指三年。用法如"三秋"。

②陈思七步:陈思,指曹植,封陈王,谥思。据《世说新语·文学》,魏文帝曹丕命东阿王曹植写诗,如果七步之内写不出来就被处死。曹植应声作诗:"煮豆持作羹,漉菽以为汁。萁在釜下燃,豆在釜中泣。本自同根生,相煎何太急。"文帝面有惭色。

【译文】

东方朔用三年时间精通文学和历史,希望能做皇上的大臣;曹植才思敏捷,七步成诗,让自己免遭一死。

刘宠一钱①,廉范五裤②。

【注释】

①刘宠一钱:刘宠,字祖荣,东莱牟平(今山东烟台)人。据《后汉书·循吏列传·刘宠》,刘宠任会稽太守,治理有方,深得民心。离任时山阴县有五六个老人,眉毛头发花白,每人拿一百钱送给刘宠。老人们说:"之前的郡守经常派官吏到民间搜刮财物,直到深夜都不停止。您到任以来,狗不夜吠,民不见吏。听说您现在要弃我们而去,我们几个老朽相互搀扶着来送您一程。"刘宠象征性地从他们每人手中取过一枚大钱,以示接受他们的好意。

②廉范五裤:廉范,字叔度,京兆杜陵(今陕西西安)人。据《后汉书·廉范列传》,汉肃宗时,廉范任蜀郡太守。成都繁荣富庶,物产丰富,人口众多,但是房屋狭小逼仄。之前规定禁止民众夜间劳作,以防火灾。但是老百姓相互隐瞒躲避,夜里偷偷干活,所以火灾时有发生。廉范撤销先前律令,只严格要求家家户户必须储备足够多的水。这一规定给百姓很多便利,于是歌颂廉范说:"廉叔度,来何暮?夜里不禁火,百姓能织布,之前没短衣,现在有五裤。"

【译文】

刘宠离任时有老人送行并赠予钱财,刘宠只取一枚钱,以示领情;廉范治理蜀郡时,修改不合时宜的政令,让民众富有。

氾毓字孤①,郗鉴吐哺②。

【注释】

①氾毓(fán yù)字孤:氾毓,字稚春,济北庐县(今山东济南长清)人。据《晋书·儒林列传·氾毓》,氾毓家里世代都出大儒,家族品行敦厚,相互和睦。客居青州,到氾毓已是七世,当时人们称赞

他们"热心抚养孤儿,儿子没有固定的父亲;衣物常接济别人,衣服没有固定的主人"。少年氾毓就有高尚的节操,固守贫困,志向远大。晋武帝反复征召,都没有赴任。字孤,抚养孤儿。字,哺育。

②郗(xī)鉴吐哺:郗鉴,字道徽,高平金乡(今山东金乡)人。少年丧父,家境贫寒,博览经籍,亲自耕种,吟诵《诗经》不知疲倦,以儒雅著称。据《晋书·郗鉴列传》,永嘉之乱时,郗鉴穷困潦倒,饥寒交迫,乡人因为郗鉴有名声和德望,都馈赠食物给他。当时郗鉴的侄子郗迈、外甥周翼都年幼,郗鉴常带着他们一起去别人家吃饭。乡人说:"现在家家都食不果腹,因为你是一个贤良之人,所以接济你,恐怕无法兼顾其他人了。"郗鉴于是一人前往,吃完饭,把饭藏在两颊边,回家后吐给两个孩子吃,才使他俩得以存活。

【译文】

氾毓的家族品行敦厚,和睦相处,抚养了很多孤儿;郗鉴去别人家吃饭,总是藏在嘴里一些食物,回家给年幼的侄子和外甥吃。

苟弟转酷①,严母扫墓②。

【注释】

①苟弟转酷:苟晞,字道将,河内山阳(今河南焦作)人。据《晋书·苟晞列传》,苟晞处理政务干练高效,决断如流。任青州刺史时,苟晞严厉苛刻,每天都要斩首杀戮很多人,以至血流成河,人称"屠伯"。后来顿丘太守魏值被迫叛乱,苟晞领兵驻扎在无盐,让弟弟苟纯兼管青州,苟纯杀人比苟晞更甚,百姓称"小苟比大苟更残酷"。

②严母扫墓:严,指严延年,字次卿,东海下邳(今江苏睢宁)人。曾任河南太守。据《汉书·酷吏传·严延年》,每年的十一月,严延年要求所属各县把囚犯集中押解到郡上,统一论处死刑,以至于

流血数里，人称"屠伯"。严延年的母亲责备他说："你有幸成为郡守，没有听说你广施仁爱，推行教化，安定民众，却巧立罪名，大肆杀人，为自己立威。天道神明，杀人者不得善终！我不想等我垂垂老矣时看到自己正当壮年的儿子被刑戮！我走了，和你告别，回到东海郡的老家，等着为你扫墓！"一年后，严延年被杀于市，东海郡都称赞严延年的母亲贤德智慧。

【译文】

苟晞严厉苛刻，每天斩杀很多人，后来弟弟苟纯兼管青州，杀人更甚；严延年的母亲用回家为他扫墓警告严延年要施政爱民，不可以大肆杀人。

洪乔掷水①，陈泰挂壁②。

【注释】

①洪乔掷（zhì）水：洪乔，指殷羡，字洪乔，陈郡长平（今河南西华）人。据《晋书·殷浩列传》，殷羡在建元年间为豫章太守。当他赴任时，京城很多人托他带信，数量达上百封。走到石头城时，殷羡把捎带的信全部投到水中，说："想要沉的就沉下去，想要浮的就浮起来，我殷羡不给人家当邮差！"殷羡的性格就是这样卓异不凡。

②陈泰挂壁：陈泰，字玄伯，颍川许昌（今河南许昌）人。据《三国志·魏书·陈泰传》，陈泰为并州刺史时，很多京城达官贵人寄来钱财，请陈泰帮忙购买奴婢，陈泰总是把钱财挂在墙壁上，不启封。等到被征召入京担任尚书，再将这些钱财全部物归原主。

【译文】

殷羡个性卓异，别人请他带信，他却将信全部投掷水中；陈泰担任并州刺史时，别人给他钱财请他代买奴婢，陈泰把钱挂在墙上不予购买。

王述忿狷①，荀粲惑溺②。

【注释】

①王述忿狷（fèn juàn）：王述，字怀祖，太原晋阳（今山西太原）人。据《晋书·王述列传》，王述多次担任州郡刺守，清廉绝伦，所得俸禄和赏赐都散给亲友故旧。但是王述性格急躁，一次吃鸡蛋，用筷子没夹住，大怒，把鸡蛋扔在地上，鸡蛋滚个不停，王述便下地用木鞋去踩，没踩住，更加生气，把鸡蛋捡起来放到嘴里，嚼碎后，吐在地上。王述身居要职之后，为人处世却常常能保持温柔克制。忿狷，愤恨，急躁。

②荀粲（xún càn）惑溺：荀粲，字奉倩，颍川颍阴（今河南许昌）人。据《三国志·魏书·荀彧传》裴松之注引《晋阴秋》，荀粲认为妇女的才智无足称道，应以美色为主。曹洪的女儿非常美丽，荀粲求娶回家，对她非常宠爱。几年后妻子病亡，友人来探访，见荀粲虽然没有哭泣，却因悲伤损害了精神，一年后也去世了。又据《世说新语·惑溺》，荀粲与妻子关系笃厚，冬天妻子生病发热，荀粲不着寸缕站在庭院中让自己冷下来，回来用身体给妻子降温。妻子死后，荀粲不久后去世。惑溺，指沉迷不悟，如沉迷于声色、财富、情爱等不能自拔。

【译文】

起初王述容易因小事而愤恨急躁，身居要职后变得能克制忍耐；荀粲宠爱自己的妻子不能自拔，所以妻子死后不久伤心去世。

宋女愈谨①，敬姜犹绩②。

【注释】

①宋女愈谨：据《列女传》，宋国的女宗是鲍苏的妻子，奉养婆婆非

常孝顺。鲍苏到卫国当官，三年后在当地又娶了一个妻子。女宗通过往来宋国和卫国的人，不断向丈夫问安，并馈赠给鲍苏外面的妻子很多财物。女宗的姒娣说："你可以离开了。"女宗不听姒娣的劝告，侍奉婆婆更加恭谨。宋国国君知道后称赞她的美德，在其里门刻石，表彰她的德行，称她为"女宗"，以宣扬女宗谦恭知礼的品德。

②敬姜犹绩：敬姜，指鲁季敬姜，是莒国的女子，号称戴己，是鲁国大夫公父穆伯的妻子、公父文伯的母亲。据《国语·鲁语》，鲁季敬姜博识通达，知书达礼。一次，文伯退朝，来拜见敬姜，敬姜正在绩麻，文伯说："以我们这样的人家，主母还在绩麻，恐怕会引起季孙氏的愤怒，他会以为我不能侍奉主母吧？"敬姜叹息说："鲁国大概要灭亡了吧！让你这么不懂事的孩子当官。你没有听说过吗？过去圣王治理民众，男女都要劳动，否则就会受到惩罚，这是古代就有的制度啊！"绩，把麻搓捻成线或绳。

【译文】

宋国的女宗知道自己的丈夫在外面又找了妻子，对待婆婆却更加恭敬严谨；鲁季敬姜是鲁国大夫的妻子，却还亲自绩麻。

鲍照篇翰①，陈琳书檄②。

【注释】

①鲍（bào）照篇翰（hàn）：鲍照，字明远，文辞丰富而俊逸。据《南史·鲍照列传》，鲍照想要拜谒临川王刘义庆，有人劝阻他说："你地位还很卑下，不可轻易忤逆大王。"鲍照说："历史上那些被埋没而不为人所知的英才异士，不可胜数。大丈夫岂能隐藏自己的智慧和才能而碌碌无为，与燕雀为伍呢？"于是把自己的诗作献给刘义庆。刘义庆看后啧啧称奇，赐予财物，委以重用。鲍照曾

写《拟古诗》:"十五讽诗书,篇翰靡不通。"篇翰,文章,诗文。

②陈琳(lín)书檄(xí):陈琳,字孔璋,广陵(治今江苏扬州)人。"建安七子"之一,善文。据《三国志·魏书·陈琳传》,曹操爱惜陈琳的才华,任命他为司空军谋祭酒,军队国家重要的文书檄文,大多出自陈琳、阮瑀手笔。又据《典略》,陈琳写各种书信和檄文,草稿完成后呈送给曹操审阅。曹操患有头痛病,当天又发作,躺在床上读陈琳的文章,猛然起身说:"这篇文章能治好我的头痛病。"对陈琳厚加赏赐。檄,古代官府征召或声讨的文书。

【译文】

鲍照擅写文章,得刘义庆重用;陈琳擅写书檄,被曹操看重。

浩浩万古,不可备甄。

【译文】

历史长河,品物众多,纵然精挑细选,难免挂一漏万。

芟烦摭华①,尔曹勉旃②。

【注释】

①芟(shān):本义为割取杂草,这里指删除史书中烦冗的内容。摭(zhí):采摘,摘取。

②尔曹:你们。勉旃(zhān):努力,劝勉用语。旃,文言助词。"之焉"两字的合音。

【译文】

从卷帙浩繁的书籍中,删除烦冗的内容,摘取精华的部分,希望你们能有收益。